Rudern

Allgemeine Hinweise

Aus Gründen der besseren Lesbarkeit wird bei Personenbezeichnungen die männliche Sprachform verwendet. Gemeint ist sowohl die männliche als auch die weibliche und die diverse Form.

Das vorliegende Buch wurde sorgfältig erarbeitet. Dennoch erfolgen alle Angaben ohne Gewähr. Weder die Autoren noch der Verlag können für eventuelle Nachteile oder Schäden, die aus den im Buch vorgestellten Informationen resultieren, Haftung übernehmen.

Sollte diese Publikation Links auf Webseiten Dritter enthalten, so übernehmen wir für deren Inhalte keine Haftung, da wir uns diese nicht zu eigen machen, sondern lediglich auf deren Stand zum Zeitpunkt der Erstveröffentlichung verweisen.

ARNO BOES

RUDERN

★ ★ ALLES, WAS MAN WISSEN MUSS ★ ★

* * *
REGELN
HINTERGRÜNDE
TIPPS
* * *

MEYER & MEYER VERLAG

Rudern – Alles, was man wissen muss

Bibliografische Information der Deutschen Bibliothek

Die Deutsche Bibliothek verzeichnet diese Publikation in der Deutschen Nationalbibliografie; detaillierte bibliografische Details sind im Internet über <www.dnb.de> abrufbar.

2. korrigierte Auflage 2024
Auckland, Beirut, Dubai, Hägendorf, Hongkong, Indianapolis, Kairo, Kapstadt, Manila, Maidenhead, Neu-Delhi, Singapur, Sydney, Teheran, Wien

Gesamtherstellung (Druck): Bookwire, Frankfurt, www.bookwire.de

FSC www.fsc.org MIX Papier | Fördert gute Waldnutzung FSC® C083411

Member of the World Sport Publishers' Association (WSPA)
ISBN 978-3-8403-7737-2

Hersteller im Sinne der GPSR:
Meyer & Meyer Fachverlag & Buchhandel GmbH
Von-Coels-Straße 390, 52080 Aachen
www.dersportverlag.de
E-Mail: kontakt@m-m-sports.com

INHALT

★ 1 ★

EINSTIEG

Bei der Suche nach einer geeigneten Sportart stellt jeder seine ganz individuellen Ansprüche: Mancher sucht beim Gleiten über ein Gewässer seine Ruhe und Entspannung – ein anderer die sportliche Herausforderung im Wettkampf bis zur Erschöpfung. Mancher möchte ganz allein die Natur genießen und den Kopf frei bekommen – ein anderer fühlt sich mitten in einer Mannschaft wohl, mit der er sich austauschen und gemeinsam den Sport erleben kann. Mancher möchte seinen Sport betreiben ohne Verantwortung für andere – ein anderer findet im Engagement für die Gemeinschaft seine Erfüllung, in die er sich mit seinem Wissen und Können einbringen kann. Mancher möchte mit seiner Familie oder seinem Freundeskreis in der Freizeit spontan etwas unternehmen – ein anderer fühlt sich in einem längerfristig geplanten und zielorientierten Ablauf mit Training und Wettkampf am wohlsten.

Diese Aufzählung kann man sicher noch um viele Aspekte des Sporttreibens erweitern. Aber auch so wird schnell klar, dass nicht viele Sportarten all diese Wünsche erfüllen können. Es soll nicht überbewertet werden, aber die Sportart Rudern kommt einem solchen Profil sicher sehr nah. Sie bietet viele Facetten, individuell im Einer bis zum Mannschaftserlebnis im Großboot, von der entspannten Ausfahrt bis zum Wettkampfsport in vielen Alters- und Leistungsklassen, von der Fahrt über ein paar Stunden oder gar Tage bis hin zum regelmäßigen, zielgerichteten Training mehrmals die Woche mit der Teilnahme an Regatten. Dieses Buch stellt viele Möglichkeiten vor, die der Rudersport bietet, um den individuellen Wünschen an die eigene sportliche Aktivität gerecht zu werden.

Fragt man den sportlich interessierten Laien, was ihm zur Sportart Rudern einfällt, dann werden sicher die Begriffe „Deutschlandachter", „olympische Medaillen", „Einerduelle" oder vielleicht auch noch „Oxford-Cambridge" genannt. Das sind die Schlaglichter, die vor allem über die Medien immer wieder in die Öffentlichkeit getragen werden und die zu Recht als Synonyme für die Sportart Rudern bekannt sind.

Dass aber Rudern schon seit Tausenden von Jahren von den Menschen aus den unterschiedlichsten Gründen betrieben wird und als Sportart auf eine weit über 200 Jahre alte Tradition zurückblicken kann, ist dann doch eher nur den Experten bekannt. Auch darauf blicken wir in diesem Buch und stellen das Rudern als eine der ältesten betriebenen Sportarten der Welt vor.

Gerade während der Entstehung dieses Buchs gerieten die Olympischen Spiele durch die Corona-Pandemie in schweres Fahrwasser. Ob wir sie tatsächlich noch um ein Jahr verschoben in Tokio erleben werden, wurde beim Schreiben des letzten Kapitels noch intensiv diskutiert. Vielleicht werden wir erst 2024 wieder eine olympische Regatta um Gold, Silber und Bronze verfolgen können. Dennoch, die Olympischen Spiele sind für die Sportart Rudern die wichtigste Bühne, auf der sie sich seit 1896 präsentieren kann. Und sie haben das Bild des Ruderns und seiner Aktiven in der Öffentlichkeit geprägt. Die Bilder von quälend harten Rennen über eine 2.000 Meter lange Strecke bis zur völligen körperlichen Erschöpfung werden auch von Nichtruderern mindestens alle vier Jahre mit Spannung verfolgt.

Wenn deutsche Mannschaften mit Medaillenaussichten bei den Weltmeisterschaften in den nicht olympischen Jahren am Start sind, schauen viele Sportfans ebenfalls zu und fiebern bei den Rennen mit. Doch Rudern ist viel mehr, als diese Wettkämpfe der gut trainierten und auf die körperlichen Strapazen vorbereiteten Aktiven vermitteln. Auch wer über weit weniger körperliche Physis und Kondition verfügt, kann ins Boot steigen und im Rudern seine sportlichen Grenzen stecken und erreichen. Das gilt sowohl für den Leistungssport, viel mehr aber noch für das Freizeit- und Breitensportangebot, das die Sportart Rudern bereithält.

Rudern ist seit jeher eine vom Mannschaftsgedanken geprägte Sportart, die vor allem eine Menge an Boots- und Sportmaterial erfordert. Das wird in Deutschland fast ausnahmslos von Vereinen bereitgestellt. Das bringt für den Einsteiger den Vorteil, dass der Start in den Rudersport relativ einfach ist und vor allem keine persönlich kostspielige Investition für Kleidung, Sportgerät oder individuelle Trainer erfordert. Auch auf diese Aspekte des Rudersports geht dieses Buch ein durch die Erklärung von Grundbegriffen, die Vorstellung von Ausbildungswegen und durch das Aufzeigen von sportlichen Entwicklungen. Getreu dem Untertitel vermittelt es dem Laien alles, was er als Aktiver oder auch ambitionierter Betrachter der Sportart wissen sollte.

Zum besseren Verständnis sei hier noch erwähnt, dass der Begriff der „Mannschaft" je nach Kontext bei der Beschreibung von Trainings- oder Rennsituationen auch für den Einer in diesem Buch angewendet ist. Auch wenn Rudern ausdrücklich eine Sportart für alle Geschlechter ist, wird in diesem Buch überwiegend die männliche Schreibweise genutzt, um einen durchgehenden Lesefluss zu ermöglichen.

Für alle Leser, die schon selbst Erfahrungen im Rudern gesammelt haben, sei die Anmerkung erlaubt, dass in diesem Buch sicher viele, aber längst nicht alle vorhandenen und denkbaren Aspekte des Rudersports aufgeführt sind. Dafür beschert jede Fahrt im Boot, jede Regatta und jedes Rennen den Protagonisten ganz eigene Erlebnisse und Erfahrungen, auf die sie in ihrem Sportlerleben zurückblicken können. Und auch nicht alle Details aus Bootsbau und Technik, Wettkampfklassen und Training, Sportorganisation sowie Freizeit- und Breitensport können hier genannt und erklärt werden.

Aber wer mit dem Wissen aus diesem Buch in die Sportart Rudern einsteigt, wird schnell mit ihr vertraut und lernt dann auch viele weitere Quellen kennen, aus denen er sein Wissen um den Rudersport erweitern kann. Vielleicht hilft dieses Buch ja auch dem erfahrenen Ruderer, seine Freunde, Bekannten oder Familienmitglieder für diese Sportart zu interessieren und zu gewinnen.

In diesem Sinne steigen wir also ein in die komplexe, aber auch faszinierende Welt des Ruderns!

★ 2 ★

URSPRUNG, HISTORIE UND ENTWICKLUNG

Blickt man auf die Sportszene unserer Tage, dann finden sich viele Sportarten, deren Ursprung in der reinen Freude an der Bewegung, der Verwendung von Alltagsgegenständen für die Freizeit, in der Lust auf Spiel und Spaß und natürlich auch im Wettbewerb mit anderen liegen. Etwas anders sieht es bei den Wassersportarten aus, deren Ursprünge meist schon tausende Jahre zurückliegen und wohl ursprünglich so gar nichts mit Freizeitvergnügen zu tun hatten. Spätestens als die Menschen der Frühzeit erkannten, dass Pflanzen und Bäume auf dem Wasser schwimmen und man sich sogar daraufsetzen konnte, ohne unterzugehen, war die Fortbewegung auf dem nassen Element erfunden.

Mit einfachen Paddelschlägen mit den Händen kam man vorwärts und lange, bevor in der Antike der Grieche Archimedes die physikalischen Hebelgesetze definierte, hatten die Menschen erkannt, dass sie mit Hilfsmitteln wie Ästen und Stämmen von Bäumen diese Vorwärtsbewegung beschleunigen und erleichtern konnten. Die Grundlagen der Ruderbewegung beruhen also auf diesen Erfahrungen der Urmenschen und wenn man heute bei Wikipedia sich über die Hebelgesetze informiert, findet man eben das Rudern als anschauliches Beispiel, wie Physik hier wirkt:

„Beim Rudern findet das Hebelgesetz Anwendung, indem die Sportler durch eine große Kraft am kurzen Ende einen weiten Weg am langen Ende des Ruders zurücklegen, was zu einer großen Geschwindigkeit führt. Auch wenn es auf den ersten Blick anders erscheint: Das Ruder ist ein einseitiger Hebel. Last und Kraft greifen auf der gleichen Seite an. Der Drehpunkt, hier auch Stützpunkt genannt (der Punkt, an dem sich der Hebel abstützt), liegt am Ruderblatt. Weil die Bewegung des Bootes der eigentliche Zweck ist, kann das eingetauchte Ruderblatt als Drehpunkt betrachtet werden, um den sich das Boot bewegt, also in die Wirkrichtung der angreifenden Kraft geschoben wird. Das Ruder ist an der sogenannten Dolle am Boot befestigt; sie ist lediglich der Angriffspunkt der Last, nicht der Drehpunkt des Hebels. Die genaue Lage des Drehpunktes hängt davon ab, wie stark das Ruder im Verhältnis zum Boot verankert ist: Stützt sich das Ruderblatt von einem Felsen ab, liegt dort der Drehpunkt; beim Rudern in der Luft ist die Dolle der Drehpunkt."

Klingt kompliziert, ist aber in der Praxis ohne große Mühen anwendbar und nachvollziehbar.

Das wussten wohl auch schon die Erbauer von sehr alten Bauwerken, wie den Steinkreisen im englischen Stonehenge, deren Entstehungszeit irgendwo zwischen 10.000 und 5.000 Jahren vor Christus von Wissenschaftlern zugeordnet wird. Die dort im Süden der britischen Insel aufgestellten Steine stammen aus einer Region weiter nördlich und sind nach Funden von Bootsresten offenbar rudernd oder paddelnd aus der Region des heutigen Wales küstennah über die Irische See in die Nähe ihres Aufstellungsorts gebracht worden. Auch wenn all das noch nichts mit dem Rudern als Sport zu tun hatte, so kann man dennoch diese Epoche der frühzeitlichen Menschen als Meilenstein für diese Fortbewegungsart auf dem Wasser ansehen.

2.1 RUDERN IM ALTEN ÄGYPTEN UND IN DER ANTIKE

Über Rudern als Freizeitvergnügen und vor allem als körperliche Ertüchtigung wird in den Aufzeichnungen der Ägypter berichtet. Etwa 1500 Jahre vor Christus, in der Zeit des Pharaos Amenophis, ließ sich die Oberklasse über den Nil zu Ausflügen rudern. Auch der Pharao selbst legte sich in die Riemen und hielt sich wohl so körperlich für die kriegerischen Auseinandersetzungen mit seinen Feinden und Widersachern fit.

Die Kriege und der Handel der Antike wurden im Mittelmeer um 500 v. Chr. durch die großen Schiffe der Griechen und Römer geprägt. Sie entwickelten die Technik ihrer Gefährte immer weiter, setzten einige hundert Ruderer in die Bäuche ihrer Schiffe, um immer mehr und längere Ruderriemen für die Geschwindigkeit einsetzen zu können. Gefürchtet waren dabei die Römer, die als Erste ihre Schiffe mit Rammspornen am Bug ausrüsteten, um ihre Gegner auf dem Wasser bewegungsunfähig machen und dann versenken zu können.

Die Phönizier und die Griechen perfektionierten diese Bauform der Schiffe, setzten gleich zwei und drei Reihen von Ruderern übereinander mit versetzt eingebauten Rudern, was ihren Schiffen eine immense Geschwindigkeit verlieh. So überfuhren sie quasi ihre Gegner, zu denen u. a. die Perser gehörten, die den griechischen Schiffen weit unterlegen waren.

Entgegen der Darstellung in manchen Historienfilmen saßen an den Ruderriemen keine Sklaven, sondern extra ausgesuchte starke Männer, die speziell ausgebildet waren, ständig trainierten und auch gut entlohnt wurden. So stellten die Feldherren dieser Zeit sicher, dass sie sich auf die Antriebskraft ihrer Ruderer in jeder Situation verlassen konnten. Zum Training gehörten Wettkämpfe der Schiffsbesatzungen untereinander und alle vier Jahre wurden zu Ehren der Stadtgöttin Athene große Ruderrennen im Hafen des heutigen Piräus ausgetragen.

Doch nicht nur zur Kriegsführung, auch zur Entdeckung der damalig bekannten Welt wurden die Ruderschiffe eingesetzt. Es ging bis zur afrikanischen Küste in das Reich der Araber und in den Norden bis nach Britannien. Und so begegnete man immer wieder anderen Völkern, die ebenfalls das Rudern als Antrieb für ihre Schiffe nutzen, etwa die Wikinger, die mit ihren Horden, vom Norden kommend, den Kontinent heimsuchten und dabei für ihre Erkundungs- und Raubzüge, vom Meer her kommend, die breiten und noch nicht kanalisierten Ströme wie etwa Rhein und Elbe nutzten.

2.2 RUDERN ALS PRUNKFAHRT, BERUFSSTAND UND SPORT

Ganz anders kam das Rudern vor etwa tausend Jahren im heute norditalienischen Venedig zur Geltung. Dort gab es natürlich in den Kanälen tausende kleiner und größerer Boote, die von den Gondolieri gerudert wurden und für den täglichen Transport von Menschen und Gütern sorgten.

Herausragend waren aber die Prozessionen der Boote an den Feiertagen. Da waren große Boote mit vielen Ruderern an Bord geschmückt und herausgeputzt unterwegs. Es entstanden regelrechte Prunkfeste, die von den Stadtoberen zu vielen Anlässen angeordnet wurden. Und etwas davon hat sich bis zum heutigen Tage erhalten.

An jedem Pfingstwochenende findet bis heute die „Voga Longa" auf den Kanälen der Lagunenmetropole statt. Dann gehören die großen und kleinen Kanäle ganz den muskelbetriebenen Wasserfahrzeugen, tausende Ruderboote, begleitet von Kajaks und Kanus, fahren durch die Stadt entlang ihrer Sehenswürdigkeiten. Immer wieder gibt es Staus und waghalsige Manöver an den engen Brückendurchfahrten. Ganz ohne Beschädigungen geht es selten ab. Und dennoch treffen sich alljährlich die Wassersportler aus ganz Europa mit den einheimischen Venezianern, um beim Pfingstfest die große Rudertradition der Stadt eindrucksvoll wiederzubeleben.

Wie kam es nun von diesen ganzen ruderischen Aktivitäten zur Sportart Rudern? Deren Wiege stand, wie bei vielen anderen sportlichen Disziplinen auch, auf der britischen Insel. Der Süden Englands war von vielen Flüssen und deren Nebenarmen durchzogen und um die zu überwinden, brauchte es Fähren. Das Rudern war im 18. Jahrhundert die effektivste Antriebsform und bald hatte sich eine eigene Zunft, die „Watermen", etabliert. Die hatte strenge Regeln und achtete darauf, dass nicht einfach jedermann mit einem Boot selbst über die Gewässer rudern konnte. Da musste man harte Prüfungen ablegen, um in die Zunft aufgenommen zu werden und nur dann durfte man auch seinen Lebensunterhalt als professioneller Fährmann an den jeweils zugewiesenen Stellen eines Flusses verdienen.

Sehr ausgeprägt war auf der britischen Insel die gesellschaftliche Ordnung, dominiert vor allem durch den Adel. Der wollte nicht vom Zunftgebaren der freien Watermen abhängig sein, sondern nahm viele der Fährleute in seinen ganz persönlichen Personalstamm auf. So war für die Fährleute sichergestellt, dass sie ein festes Einkommen hatten und die Adeligen konnten jederzeit sich ihrer Dienste ohne langes Warten bedienen.

Ende des 18. Jahrhunderts entstand daraus ein Wettbewerb, wer denn wohl die schnellsten und stärksten Watermen in seinen Diensten hatte. Bald fuhren die Fährleute gegeneinander, versuchten, ihr jeweiliges Adelshaus, so gut es möglich war, zu repräsentieren. Die Adeligen selbst zeigten sich dann auch großzügig, setzten Preise und Prämien für diese Rennen der Watermen aus, was für die Ruderer natürlich ein willkommenes Zubrot für ihren meist kargen Lohn war. Nicht weit war es von dort aus bis zu den ersten Wetten des Adels und immer mehr entwickelte sich der eigentliche Fährbetrieb zu einem Freizeitvergnügen, bei dem sich die Sprösslinge der Earls und Lords auch selbst in die Boote setzten, um sich miteinander zu messen.

Bald wurde das zu einem Volkssport, besonders gepflegt und betrieben an den Eliteschulen der höheren Gesellschaft. Die bekannteste davon befindet sich bis heute nahe dem Stammhaus der amtierenden Königsfamilie in Windsor. Nur ein paar Kilometer davon entfernt liegt am Themseufer Eton mit seinem weit über die Grenzen des kleinen Städtchens hinaus bekannten College. Bis heute verfügt die Schule über riesige Bootshallen, in denen Hunderte von Ruderbooten liegen, die im späten 18. und frühen 19. Jahrhundert von den männlichen Nachkommen der Adelsfamilien gerudert wurden. Jeder hatte seinen eigenen Einer, was die hohe Anzahl von Booten erklärt. Hier liegen die Wurzeln der bis in unsere moderne Zeit andauernden Bedeutung des Eton Colleges für den Rudersport.

Ganz in der Nähe befindet sich der Dorney Lake, ein künstlicher, quasi rechteckiger See, umgeben von vielen Wiesen und Ländereien der dortigen Familien. Er gehört dem Eton College, das 1996 mit den Bauarbeiten für eine moderne Regattastrecke mit der Wettkampfdistanz von 2.000 Metern begann und an dessen Kopfende ein umfassendes Leistungszentrum für den Wassersport mit allen Räumen und Einrichtungen entstand. Nach Welt-Cup-Regatten und der Weltmeisterschaft 2006 wurden hier die Rennen der Olympischen und Paralympischen Spiele 2012 der Ruderer und Kanuten ausgetragen.

Kurz zurück zu den Watermen: Nach den ersten Rennen, bei denen es bereits um prestigeträchtige Abzeichen und Geldprämien ging, wurde schon 1831 eine erste „Weltmeisterschaft" ausgetragen. Die „Welt" des Ruderns als Wettkampf war halt noch im Vergleich zu heute sehr begrenzt und der Umgang mit solchen großen Titeln eher lax. Dass es noch mehr als 120 Jahre dauern sollte, bis erstmals Ruderweltmeisterschaften im heutigen Format ausgetragen wurden, gehört auch zu den Eigenarten der Sportart. Darüber aber mehr im fünften Kapitel dieses Buches.

2.3 RUDERN WIRD POPULÄR UND EROBERT DEN KONTINENT

Trotzdem entwickelte sich das Rudern als Freizeitvergnügen und Sportart schon bald nach den ersten Anfängen zu Beginn des 19. Jahrhunderts.

Das wohl bekannteste Rennen ist der Universitätenwettstreit zwischen Oxford und Cambridge, der erstmals 1829 ausgetragen wurde.

Zwei Freunde (Charles Wordsworth und Charles Merrivale) hatten die Idee dazu. Beide kamen aus Oxford, Merrivale ging aber nach Cambridge zum Studium, besuchte weiterhin regelmäßig seinen Freund, der in seinem Heimatort studierte und ruderte. Irgendwann hatten sie dann die Idee zu einem größeren Rennen und steckten damit auch ihre Professoren an den beiden Hochschulen an. So kam es am 10. Juni 1829 zum ersten „Boat-Race". 1845 zog man dann auf die noch heute genutzte Strecke der Themse zwischen den Londoner Stadtteilen Putney und Mortlake. Seitdem haben nur die beiden Weltkriege und im Jahr 2020 die Corona-Krise für einen Ausfall des legendären Wettstreits gesorgt.

Das Besondere ist übrigens die Abhängigkeit des Regattadatums von Ebbe und Flut. Die Themse in London wird von den Gezeiten – englisch Tide – beeinflusst, der Abschnitt des Rennens wird deshalb auch der *Tideway* genannt. Dieser Umstand sorgt dafür, dass als Datum immer ein Wochenende zwischen Ende März und Anfang April festgelegt wird, bei dem das auflaufende Wasser des Flusses zwischen Vormittag und spätem Nachmittag seinen Höchststand erreicht. Nur dann ist die Themse dort breit genug, um genügend Platz für die meist spannenden Bord-an-Bord-Kämpfe auf den gefahrenen 6,8 Kilometern zu bieten. 165 Rennen gab es bisher, 84-mal gewann Cambridge, 80-mal Oxford. Und das eine Unentschieden ist der Legende geschuldet, dass der Zielrichter 1877 wohl zu betrunken war, um am Ende ein Ergebnis festzulegen.

Inzwischen fahren auch die Frauen der beiden Universitäten ihre Rennen auf dem Tideway aus. Wie heute noch die Leichtgewichtsmannschaften und Ehemaligen der Universitäten starteten sie bis 2011 in Henley auf dem dortigen, etwa 2.250 Meter langen Regattakurs. Dort findet bis heute eine legendäre Regatta statt mit königlichem Status. Dazu auch später etwas mehr.

Von der britischen Insel aus verbreitete sich der Rudersport in Richtung europäisches Festland. Schon 1830 gründeten englische Kaufleute, die mit ihren Kollegen in Hamburg eifrigen Handel unterhielten, in der Hansestadt den ersten Klub auf deutschem Boden. 1836 hatten sie die Hamburger Kaufleute so sehr für das Rudern begeistert, dass diese den ersten deutschen Klub gründeten. Er zählt auch wegen seiner Historie noch heute unter dem Namen „Der Hamburger und Germania Ruderclub" zu den erfolgreichsten und bedeutendsten Rudervereinen in Deutschland.

Die Austragung von Regatten stand an erster Stelle des Vereinszwecks und bald gründeten sich weitere Vereine und Regattainitiativen unter anderem in Berlin, Frankfurt und Mannheim. Gefördert wurde das nicht zuletzt durch das Kaiserhaus in Berlin, wenn auch mit einem eher unsportlichen Hintergrund. Da Rudern den ganzen Körper in Anspruch nimmt und die Disziplin unter dem Kommando eines Steuermanns eine große Rolle spielt, betrachteten die Monarchen und ihre militärischen Berater den Rudersport als eine gute körperliche und moralische Grundausbildung kommender Soldatengenerationen. Wohl auch deshalb ist hier die Grundlage für viele Vereinsgründungen von Ruderklubs in Deutschland Ende des 19. Jahrhunderts zu suchen.

Doch der sportliche Gedanke kam nicht zu kurz. Sport braucht Regeln und um diese zu vereinheitlichen, damit man landesweit gegeneinander Wettkämpfe austragen konnte, gründete sich 1883 der Deutsche Ruderverband (DRV), unter dessen Dach die Vereine und Regattaausrichter sich koordinierten und sich auf einheitliche Austragungsformen von Ruderrennen verständigten. Der DRV gilt damit als der älteste deutsche Sportverband. Heute hat er seinen Sitz in Hannover, rund 500 Vereine, Regattaverbände und Schülerrudervereinigungen sind in ihm zusammengeschlossen. Insgesamt sind über die Vereine rund 83.000 Einzelmitglieder dem Verband mittelbar angeschlossen, von denen der größte Teil das Rudern vor allem als Freizeit- und Breitensport zur eigenen Fitness ausübt. Nach wie vor gehört aber der Wettkampfsport, aus dessen frühen Anfängen mal alles entstand, zu den prägenden Verbandsaufgaben.

Auch in anderen europäischen Staaten hatte inzwischen das Rudern an Stellenwert im Sport gewonnen, nicht zuletzt gefördert durch die höheren Schichten der Gesellschaft. So kam es dann 1892 zur Gründung des internationalen Ruderverbandes durch die Schweiz, Frankreich, Italien, Belgien und die damals eigenständige Region am nordöstlichen Mittelmeer. Da Französisch in diesen Staaten die gebräuchliche Amtssprache war, einigte man sich auf den Namen **Fédération Internationale des Sociétés d'Aviron**, kurz FISA genannt. Diese internationale Föderation der Ruderverbände gilt als ältester Sportverband der Welt, dem heute 155 nationale Verbände angeschlossen sind und der seinen Sitz in Lausanne/Schweiz hat.

An dieser Stelle soll es zunächst mit der Schilderung der Historie des Ruderns genug sein. Auf weitere Begebenheiten und Entwicklungen des Rudersports wird noch in späteren Kapiteln des Buchs eingegangen. Eines aber soll hier noch erwähnt werden: Vergleicht man das Rudern mit anderen heute populären Sportarten, wird man feststellen, dass die gesellschaftliche Entwicklung genau entgegengesetzt gelaufen ist. Stand das amateurhafte Freizeitvergnügen bei vielen Sportarten zunächst im Vordergrund, bevor es zu professionellen Formen des Sports mit heutigem Ausmaß kam, war es beim Rudern genau umgekehrt. Handel, politische Interessen und Lebensunterhalt standen bei den antiken Völkern und dann den Watermen im Vordergrund, als sie zu den Ruderriemen griffen.

Vor allem in der zweiten Hälfte des 20. Jahrhunderts, als Europa nach und nach friedlicher wurde, entwickelte sich das Rudern zur Sportart mit ausgeprägtem amateurhaften Charakter. Und auch wenn heute vor allem im Hochleistungssport die rudernden Akteure durch berufliche Absicherung in staatlichen Institutionen oder Sponsoren in der Zeit ihrer sportlichen Karriere finanziell abgesichert sind, gibt es keinen professionell ausgeübten Rudersport auf der Welt. Einige Topathleten haben nach ihrer Karriere hier und da die Möglichkeiten, ihre sportlichen Erfahrungen, verbunden mit entsprechenden Studienabschlüssen, auch weiterhin beruflich einbringen zu können. Aber das sind die Ausnahmen mit denkbar größtem Abstand zur heutigen professionell betriebenen Sportausübung in den populären Sportarten unserer Zeit.

★ 3 ★

GRUNDLAGEN

Rudern sieht für den Laien, von außen betrachtet, eher leicht aus. Sich im Boot hin und her bewegen und dabei die Ruder durch das Wasser ziehen, kann ja so schwer nicht sein. Aber, Vorsicht: Rudern ist eine komplexe Sportart, bei der die Bewegungsabläufe genau passen müssen. Deshalb gibt es auch zunächst einiges zu lernen, wenn man in diesen Sport einsteigt.

3.1 BEGRIFFSERKLÄRUNGEN

Dazu gehören einige Fachbegriffe, auf die wir in diesem Kapitel eingehen wollen. Eine umfangreiche Erklärung des Vokabulars im Rudersport ist im Anhang als Wörterbuch zu finden.

3.1.1 Die Seiten des Boots

Vier Himmelsrichtungen gibt es, vier Seiten hat auch ein Boot. Zwei laufen meist spitz zu, die beiden anderen sind dafür umso länger. Es ist die typische Form eines Boots oder Schiffs, die sich für das Befahren von Gewässern durchgesetzt hat.

Vorne am Boot, ausgerichtet auf die gewünschte Fahrtrichtung, befindet sich die Spitze, fachmännisch der **Bug** genannt. Er läuft bei Ruderbooten meist spitz zu, damit er möglichst wenig Widerstand bei der Fahrt durchs Wasser bildet. Auf der gegenüberliegenden Seite ist das **Heck**, also hinten am Boot. Bei den motorgetriebenen Wasserfahrzeugen befindet sich dort meist der Antrieb, einerlei, ob am kleinen Sportboot oder am großen Ozeanriesen. Beim Ruderboot findet man dort zumindest ab der Größe für einen Zweier eine Platte aus Holz oder Kunststoff. Diese Platte heißt **Steuer**, sie ist über Leinen oder über Drahtseile mit den Aktiven im Boot verbunden, die darüber die Fahrtrichtung des Boots beeinflussen, also steuern können.

Rechts und links am Ruderboot befinden sich die langen Seiten, an denen die Ruder befestigt sind, mit denen die Aktiven das Boot bewegen. Die sind je nach Bootstyp und Anzahl der Ruderer unterschiedlich lang. Die Begriffe rechts oder links sind aber bei allen Booten und Schiffen nicht gebräuchlich. Vielmehr spricht der Fachmann von **Backbord** und **Steuerbord**. Dabei wird die Backbordseite mit **roten** Markierungen versehen, die Steuerbordseite mit **grünen**. Das ist ebenfalls in der gesamten Schifffahrt international so festgelegt und gilt entsprechend in Ruderbooten.

Und genau dort kann man auch gut nachvollziehen, warum man diese Benennung der Seiten so festgelegt hat und nicht von rechts und links spricht. Ruderer sitzen, auch das wird der Laie schnell festgestellt haben, mit dem Rücken zur Fahrtrichtung. Der Steuermann aber schaut in Fahrtrichtung, sitzt also genau umgekehrt. Würde er nun ein Kommando geben, dass z. B. auf der rechten Seite etwas kräftiger gerudert werden muss, um dem Boot eine andere Fahrtrichtung zu geben, wüssten die Ruderer nicht, „welches Rechts" denn nun gemeint ist. Das des Steuermanns, der ja in Fahrtrichtung sitzt, oder das der Ruderer, die entgegen der Fahrtrichtung sitzen.

Um solche Missverständnisse zu vermeiden, wurden schon vor Jahrhunderten die Namen der Seiten eines Boots mit Back- und Steuerbord festgelegt. Über die Entstehung der Namen und die Verteilung auf die beiden Seiten gibt es verschiedene Legenden. Am wahrscheinlichsten ist die Vermutung, dass sie schon vor Jahrhunderten entstanden, als die Steuerruder der geruderten Boote am Heck immer auf der rechten Seite angebracht waren. Deshalb erhielt die, in Fahrtrichtung vom Steuermann aus, gesehene rechte Seite den Namen „Steuerbord", wobei mit dem Begriff Bord der obere Rand des Schiffs bezeichnet wird. Entsprechend erhielt die gegenüberliegende Seite den Namen „Backbord".

Ein Steuermann würde also bei einem Manöver für die rechte Seite des Boots die Bezeichnung „Steuerbord" ansagen. Damit ist für alle an Bord befindlichen Personen klar, von welcher Seite bei Manövern die Rede ist, einerlei, wie und wo man sich gerade befindet. Und beim Rudern gilt das vom Einer bis zum Achter mit Steuermann.

3.1.2 Die Ruder

Blicken wir nochmals durch das Auge eines Laien auf den Rudersport. Ihm dürfte beim Verfolgen verschiedener Rennen einer Ruderregatta auffallen, dass es offenbar zwei unterschiedliche Arten des Ruderns gibt. In einigen Booten haben die Ruderer in jeder Hand ein einzelnes Ruder, in anderen Booten hingegen nur ein Ruder, das sie mit beiden Händen durchs Wasser ziehen. Gemeinsam ist allen Booten, dass sie weitestgehend gerade über die Regattabahn fahren, also nicht in Schlangenlinien.

Da kommt wieder das Hebelgesetz zur Geltung. Will man mit einem Boot möglichst in gerader Linie von A nach B kommen, müssen auf beiden Seiten die gleichen Kräfte wirken. Das bedeutet für ein Ruderboot, dass auf Steuer- wie auf Backbord die gleiche Anzahl an Rudern zum Antrieb des Boots ins Wasser tauchen muss. Folglich muss der Einerfahrer also auf beiden Seiten ein Ruder haben und die heißen fachmännisch richtig **Skulls**.

Es gibt jeweils ein Skull für jede Seite, die mit rot und grün markiert sind. Sitzen zwei Ruderer im Boot, können sie sich die Arbeit quasi teilen. Jeder rudert dann auf seiner Seite mit einem **Riemen**. Setzen sie jeweils auf ihrer Seite die gleiche Kraft ein, können sie damit das Boot in gerader Richtung fahren. Kleine Unterschiede lassen sich durch die Längeneinstellungen an einem Ruderriemen ausgleichen, dazu mehr im nächsten Kapitel.

Klar ist aber spätestens jetzt, dass Riemenboote immer nur mit einer geraden Anzahl an Ruderern gefahren werden können, zumindest wenn man vom Rudern als Sportart spricht. Um eine Ausnahme hier zu nennen, seien die Gondolieri in Venedig erwähnt, die nur mit einem Riemen ihr Boot antreiben. Um das Geradeausfahren und die Manövrierbarkeit der Gondeln zu gewährleisten, sind diese unsymmetrisch gebaut. Der Gondoliere steuert sein Boot durch geschicktes Drehen seines Ruderriemens beim Durchzug.

Zurück zur Sportart. Rudern bietet mit diesen zwei Möglichkeiten, dem Skullen und dem Riemenrudern, sowohl ganz individuell im Einer zu fahren als auch als Mitglied eines Ruderteams mit zwei, vier oder acht Ruderern sich einzubringen. Und auch als Skuller muss man auf das Mannschaftserlebnis nicht verzichten. Hier gibt es im Leistungssport ebenfalls den Zweier und den Vierer, die von den Fachleuten als **Doppelzweier** und **Doppelvierer** bezeichnet werden. Das Wort „Doppel" steht hier also nicht für die Anzahl der Aktiven im Boot, sondern für die der Ruderblätter, die im Wasser für den Antrieb sorgen.

Im Laufe der Geschichte des Ruderns als Leistungssport haben sich verschiedene Zusammensetzungen im Boot ergeben, **Bootsklassen** genannt. In einem Einer sitzt immer nur ein Ruderer, den Zweier und den Vierer gibt es sowohl mit wie auch ohne Steuermann. Der Achter wird seit jeher immer mit Steuermann gefahren. Mehr zu den tatsächlich bei Olympischen Spielen oder Weltmeisterschaften ausgefahrenen Bootsklassen in diesem Buch zu einem späteren Zeitpunkt.

3.1.3 Der Platz des Ruderers

Zwei Teile eines Ruderplatzes sollen hier noch beschrieben sein. Da ist zunächst der Rollsitz, auf dem der Ruderer im Boot Platz nimmt. In der Antike und dann bis zum Ende des 19. Jahrhunderts saßen die Aktiven fest im Boot. Die Länge eines Ruderschlags, also das einmalige Durchziehen des Ruderblatts durchs Wasser, war nur so lang, wie sich der Ruderer mit dem Oberkörper nach vorne beugen und nach hinten legen konnte. Die Kraft der Beine wurde also kaum genutzt, der Ruderschlag entsprechend kurz.

Um hier effektiver zu werden, wurden die Bretter, auf denen die Ruderer saßen, zunächst mit Fett eingerieben und die Ruderer erhielten Lederhosen, mit denen sie auf dem Fett durch das Anziehen und Strecken der Beine hin- und herrutschen und so den Weg des Blatts durch das Wasser verlängern konnten. Als die technische Entwicklung der benutzten Materialien dann voranschritt, konnte man Sitze mit Rollen bauen, die auf Schienen im Boot gelagert waren und auf denen dann die Ruderer sich ganz ohne das im Laufe der Zeit ranzig werdende Schmierfett im Boot bewegen konnten.

Damit war der **Rollsitz** erfunden und er ist bis heute in jedem Ruderboot dasjenige Bestandteil, mit dem der Ruderer körperlich den meisten Kontakt hat. Er signalisiert dem erfahrenen Aktiven auch, ob das Boot gerade im Wasser liegt oder zu einer Seite kippt. Deshalb sagt man oft von Ruderern, sie hätten ein „zweites" Gleichgewichtsorgan im Gesäß eingebaut. Tatsächlich ist es aber nur die Erfahrung, die man schon nach ein paar Ausfahrten im Boot aufbaut.

Das zweite Element, das in diesem Kapitel noch genannt sein soll, ist das **Stemmbrett**. Auf ihm sind die Füße fest mit dem Boot verbunden, womit gewährleistet ist, dass durch Beugen und Strecken der Beine der Rollsitz bewegt werden kann. Das Stemmbrett ist eine relativ einfache Konstruktion, bestehend aus einer Querstange, die auf beiden Seiten des Boots befestigt wird. Im rechten Winkel zu dieser Stange sind ein oder zwei Brettchen angebracht. Auf ihnen setzt der im Boot sitzende Ruderer seine Füße ab.

Um diese fest mit dem Boot zu verbinden, gibt es entweder für jeden Fuß einen Lederriemen oder moderner auch eine Fußhalterung aus Kunststoff. In beiden Fällen behält man meist einfache Sportschuhe an, die sorgen für einen festen Sitz der Lederriemen oder der Kunststoffhalterungen. In modernen Rennbooten sind auf dem Stemmbrett leichte Sportschuhe fest eingebaut, in die der Ruderer hineinschlüpft. Bei allen drei Varianten ist in jedem Fall eine feste Verbindung der Füße mit dem Boot sichergestellt.

Das Stemmbrett hat auch die Aufgabe, unterschiedliche Körperlängen der Ruderer auszugleichen. Dazu kann die gesamte Stemmbrettkonstruktion nach vorne oder nach hinten verschoben und mit entsprechenden Verschraubungen fixiert werden. Hat man eher kürzere Beine, schiebt man das Stemmbrett in Richtung Bug, bei längeren Beinen entsprechend in Richtung Heck. Damit können Größenunterschiede innerhalb einer Rudermannschaft ausgeglichen werden.

Die Einstellung des Stemmbretts sorgt auch dafür, dass der Ruderer im möglichst optimalen Winkel zu Ruderriemen bzw. Skulls sitzt und diese auf einem möglichst langen Weg mit dem Oberkörper und den Armen bewegen kann. Deren Befestigung liegt nämlich immer an jedem Ruderplatz an der gleichen Stelle und durch die Einstellung des Stemmbretts kann bewerkstelligt werden, dass ein Boot von ganz unterschiedlichen Aktiven jeweils mit einer technisch sauberen Körperbewegung genutzt werden kann.

Bekannt ist im Einer die Bauform des Rollauslegers. In diesem Boot ist der Sitz für den Ruderer fest eingebaut. Dafür sind das Stemmbrett und die Ausleger mit den Dollen, in denen die Skulls bzw. Riemen liegen, auf einer beweglichen Konstruktion befestigt. Diese läuft über Schienen auf dem Waschbord des Boots entlang und wird durch das Anziehen und Strecken der Beine bewegt. Der Ablauf der Ruderbewegung beim Rollausleger entspricht dem im klassischen Auslegerboot mit Rollsitz. Da der Ruderer an einem festen Punkt im Boot sitzt und nicht der Körper mit seinem Gewicht hin und her bewegt wird, liegt das gesamte Boot ruhiger im Wasser.

Den Rollausleger gab es bereits Anfang des 20. Jahrhunderts, bekannt aber wurde die Konstruktion vor allem durch den Einsatz eines solchen Boots bei den Weltmeisterschaften 1981 in München. Peter-Michael Kolbe wurde damit Einer-Weltmeister. Auch bei der WM 1983 trat er im Rollausleger an und wurde erneut Weltmeister. Im selben Jahr allerdings verbot die FISA den weiteren Einsatz des Rollauslegers im Wettkampf, um die Chancengleichheit für alle zu wahren.

Bug und Heck, Steuer- und Backbord, Riemen und Skulls, Rollsitz und Stemmbrett – das sind die Teile und Begriffe, mit denen man sich vor der ersten Übungsstunde als Ruderanfänger vertraut gemacht haben sollte. Sie sind in jedem Ruderboot gleich, es spielt keine Rolle, ob es für den Hochleistungssport oder den Freizeit- und Breitensport genutzt wird. Welche Bootsformen es für die unterschiedlichen Ausprägungen des Rudersports gibt und welche Einzelteile für die Ausführung eines möglichst effektiven Ruderschlags noch eine Rolle spielen, ist im nächsten Kapitel zu finden.

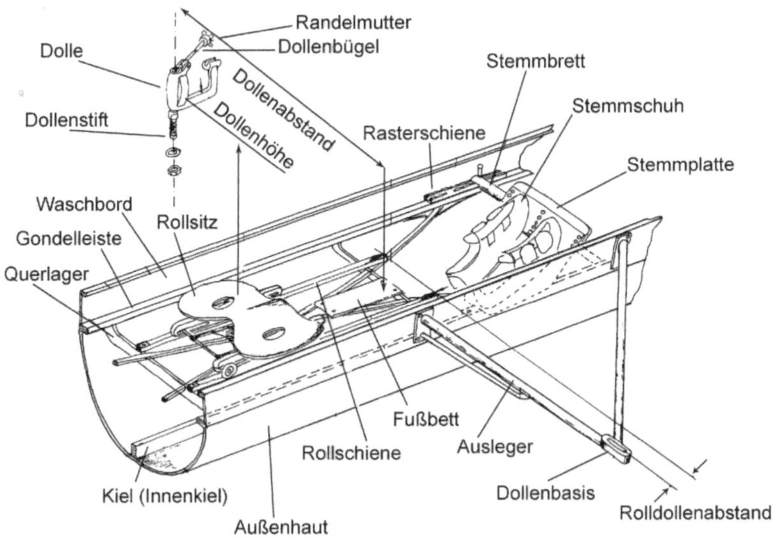

Abb. 1: Diese Zeichnung stellt den Aufbau eines Ruderplatzes dar mit den jeweiligen Bezeichnungen der einzelnen Teile (Zeichnung: Oskar Loewe)

3.2 BOOTE UND MATERIAL

Boote, die gerudert werden, gibt es also schon seit ein paar tausend Jahren. Der Bootsbau für den Sport begann seine Entwicklung im 19. Jahrhundert. Holz war dabei das hauptsächlich eingesetzte Material und das blieb auch so bis in die 1960er-Jahre. Seitdem haben die Kunststoffe im gesamten Ruderbootbau das Holz weitestgehend verdrängt, man findet es meist nur noch im Innenausbau von Booten für den Freizeit- und Breitensport.

3.2.1 Vom Holz zum Kunststoff

Die ursprüngliche Bauweise mit einem Kiel (innen und außen), daran befestigten Spanten für den Bootskörper und Planken, die sich an den Spanten hochzogen, galt lange als die typische Form auch für Ruderboote aller Art. Erst in der zweiten Hälfte des 20. Jahrhunderts hatte man Verfahren entwickelt, um die Bootsseiten aus dünnen, gebogenen Holzplatten zu fertigen, die man als Ganzes über die Spanten legte. Sie waren zwar empfindlicher als die bisher verwendeten Plankenhölzer, erlaubten aber vor allem eine Einsparung an Gewicht. Und das war natürlich gerade im Rennbootbau ein entscheidender Faktor. Je leichter das Boot ist, desto schneller konnte es im Rennen gerudert werden und entsprechend weniger Kraft musste man dafür aufwenden.

Als sich dann nach und nach die Kunststoffe und die Verstärkung durch leichte Kohlefasern durchsetzten, gab das den Booten in dieser Beziehung noch einmal einen gravierenden Impuls für den heute gebräuchlichen modernen Bootsbau. Spätestens mit dem Einsatz von Kunststoffbooten bei den Olympischen Spielen von 1972 in München war der Siegeszug der „Plastikschüsseln" nicht mehr aufzuhalten. Selbst namhafte Designer, wie der 2019 verstorbene Luigi Colani, machten sich an die Formen und Entwicklungen von eingebauten Komponenten bei Ruderbooten. Sein Boot erwies sich dann aber doch als zu filigran und anfällig, um einem harten Ruderrennen über die 2.000-Meter-Distanz standzuhalten. Es kam dann doch ein Kunststoffboot einer erfahrenen Werft zum Einsatz.

Generell gilt im Ruderbootsbau, dass die Entwicklung von Formen und eingesetztem Material für die Nutzung in offiziellen Rennen nicht eingeschränkt ist. Jede gute Idee, die ein Boot schneller machen kann, darf grundsätzlich eingesetzt werden. Der Internationale Ruderverband FISA macht allerdings für den Einsatz bei seinen Regatten, Meisterschaften und Olympischen Spielen die Vorgabe, dass jede Nation in der Lage sein muss, die verfügbaren Bootstechniken für ihre Mannschaften anschaffen zu können.

Es gibt einige renommierte Werften für den Bau von Rennbooten für den Spitzensport sowohl in Deutschland wie auch in Europa und Übersee. Da tüfteln die Experten und Entwickler immer wieder an Einbauten und Techniken, die sich auf die Bootsgeschwindigkeit positiv auswirken sollen. Dem sind grundsätzlich keine Grenzen gesetzt. Sie müssen aber nach der Serienreife von allen Nationen auf einem freien Markt erworben werden können und nicht nur den Teams des Landes verfügbar sein, in dem die Werft ihren Sitz hat. So soll eine Chancengleichheit im Rudersport hergestellt werden und vermeintlich reiche Nationen sich nicht einen Vorteil durch teure Entwicklungen oder Materialien verschaffen können.

3.2.2 Mindestgewicht bringt Sicherheit

Einen weiteren Effekt hatten die Erfahrungen mit den besonders leicht gebauten Booten. Sie wurden ja nicht nur auf den Regatten eingesetzt, wo die Rennen meist von Wettkampfrichtern und Wasserrettungsorganisationen in Motorbooten begleitet werden. Kommt es hier zu einem Materialbruch und eine Mannschaft kentert, dann ist Hilfe schnell zur Stelle.

Anders aber sieht das aus im täglichen Training, das nicht selten auf größeren Seen nur mit der Begleitung durch einen Trainer in einem eher kleinen Motorboot abläuft. Würde hier ein leicht gebauter Vierer oder gar

Achter durch den harten Krafteinsatz der Ruderer oder eine Grundberührung bzw. Kollision auseinanderbrechen, kann es für die Aktiven gefährlich werden, wenn sie nicht schnell aus dem Wasser kämen. Das gilt vor allem bei niedrigen Wassertemperaturen.

All diese Überlegungen haben dazu geführt, dass die FISA für den Bootsbau von Rennbooten Mindestgewichte eingeführt hat, damit nicht hauchdünne Materialien, sondern widerstandsfähige Bootsrümpfe zum Einsatz kommen. Die Erfahrungen der zurückliegenden gut 50 Jahre zeigen, dass diese Überlegungen und Vorgaben im Bootsbau berechtigt sind. Nur ganz selten hört man von Unglücksfällen durch den Bruch eines Boots. Folgende Mindestgewichte ohne Riemen bzw. Skulls sind für die einzelnen Bootstypen festgelegt und haben sich bewährt:

Einer	14 kg
Doppelzweier und Zweier-ohne-St.	27 kg
Doppelvierer	52 kg
Zweier-mit-St.	32 kg
Vierer-ohne-St.	50 kg
Vierer-mit-St.	51 kg
Achter	96 kg

Abb. 2: Mindestgewichte für die einzelnen Bootstypen ohne Skulls oder Riemen

Damit sind die im Rennsport genutzten Bootstypen genannt. Und da wir gerade bei Zahlenspielen sind, folgen hier auch die Maße. Sie unterliegen keinerlei Beschränkungen oder Kontrollen bei Regatten, sondern ergeben sich aus dem erforderlichen Raum für die jeweiligen Ruderplätze eines Boots und dem Auftrieb, den ein Bootskörper im Wasser erzeugen muss, um das Gewicht der Aktiven sowie von Skulls bzw. Riemen tragen zu können. Wichtig ist dabei, dass ein Boot so weit aus dem Wasser herausragt, um die Ruder ohne Behinderung im und über dem Wasser führen zu können. Folgende Maße für die Rennboote sind zu finden:

Typ	Breite	Länge
Einer (auch Skiff genannt)	27-29 cm	7,80-8,30 m
Zweier	33-36 cm	9,40-10,00 m
Vierer	43-46 cm	11,80-12,90 m, m. St. bis 13,65 m
Achter	55-57 cm	16,85-17,80 m

Abb. 3: Abmessungen für Rennboote

Die hier genannten Maße bieten einen Überblick über den Bereich des Rennbootbaus. Jede Ruderbootwerft hat da ihre eigenen Formen und Feinheiten, die sie bei der Fertigung speziell von Booten für Mannschaften im Hochleistungssport nutzt. Erwähnt sei an dieser Stelle noch, dass die heute gebauten Achter fast alle teilbar sind, also aus zwei Teilen bestehen, die für die Nutzung des Boots zusammengeschraubt werden. Das dient vor allem dem Transport der Boote auf der Straße beim An- und Abreisen zu Regatten.

Dazu werden sie auf spezielle Anhänger gelegt und dort festgezurrt. Damit die im Straßenverkehr zugelassenen maximalen Längen für Anhänger und Zugfahrzeug nicht durch die langen Achter überschritten werden, wurde diese Teilung der Boote von den Werften technisch zuverlässig entwickelt, ohne dass Wasser bei der Nutzung in den Bootsinnenraum eindringen kann.

An dieser Stelle sei darauf hingewiesen, dass die aufgeführten Maße vor allem für den Rennbootbau gelten. Der Freizeit- und Breitensport ist ja bereits im vorherigen Kapitel erwähnt worden, hier kommen aber ganz andere Bootsformen zum Einsatz. Die werden in Kap. 6 vorgestellt.

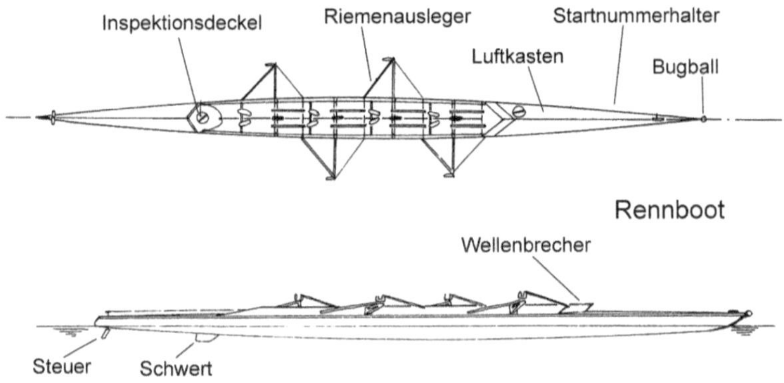

Abb. 4: Der beispielhafte Aufbau eines Rennboots, hier der Vierer ohne St. (Zeichung: Oskar Loewe)

Der Bootsbau mit den deutschen und internationalen Werften ist eine Art Wissenschaft für sich. Da wird viel getüftelt und experimentiert, um vor allem im Hochleistungssport für ein Topteam das optimale Bootsmaterial einsetzen zu können. Die hier ausgeführten Fakten sind nur ein erster Überblick für den interessierten Einstieg in die Sportart Rudern. Wer sich darüber weiter informieren möchte, findet eine Menge an Literatur dazu, von der ein Teil im Anhang dieses Buchs aufgeführt ist. Darin finden sich auch detaillierte Angaben zu den weiteren Teilen, die an einem Ruderplatz im Boot eingesetzt werden.

3.2.3 Skulls und Riemen

Ohne Boote geht es also nicht beim Rudern. Ohne Riemen oder Skulls aber auch nicht, und deshalb wollen wir hier diese etwas genauer betrachten. Wie bei den Booten war auch bei den Rudern Holz der ursprüngliche Werkstoff. Inzwischen hat hier der Kunststoff die Überhand gewonnen, nur selten findet man noch Holzskulls oder -riemen auf dem aktuellen Markt der Werften und Bootsbauer.

Geblieben ist die generelle Bauform. Sie besteht aus dem Schaft, der an einem Ende mit dem Griff endet. Am anderen Ende ist das Ruderblatt montiert. Schaft und Griff gingen bei den aus Holz gefertigten Rudern meist nahtlos ineinander über. Wurden dafür ursprünglich massive Holzkörper genutzt, wurden im 20. Jahrhundert nach und nach die Schäfte aus einzelnen Teilen verleimt, sodass sich innen ein Hohlraum bildete. Das sollte vor allem Gewicht ersparen, denn ein leichtes Skull oder ein leichter Riemen lässt sich natürlich viel leichter in der Ruderbewegung führen, als massives Holz.

Das Ruderblatt war am Ende des Schafts eingeleimt und sollte möglichst gut im Wasser liegen sowie wenig Widerstand durch entsprechende Strömungsformen beim Durchzug bieten. Gleichzeitig musste es aber der Kraft des Durchzugs standhalten. Ähnlich wie bei den Booten wurde auch die Form der Blätter immer wieder überarbeitet, neue Erkenntnisse über Kraft- und Strömungsverläufe durch teilweise nur millimeterweise Veränderungen eingebaut.

Waren die Blätter in der ersten Hälfte des 20. Jahrhunderts meist lang und schmal, änderte sich das mit den Europameisterschaften 1959 im französischen Macon. Dort kamen erstmals bei einer großen internationalen Meisterschaft große, schaufelähnliche Ruderblätter zum Einsatz, die zwar von den Ruderern einiges an Kraft verlangten beim Durchzug, dennoch aber enormen Vortrieb erzeugten und damit die Boote deutlich schneller machten. Schon bei den ein Jahr später stattfindenden Olympischen Spielen von 1960 sah man fast alle Mannschaften mit dieser Blattform antreten. Sie heißt bis heute das **Macon-Blatt**.

Die nächste Stufe im Ruderbau nahm die Entwicklung mit dem Einsatz von Kohlefasern für die Schäfte. Auch das brachte weitere Ersparnis beim Gewicht, was Einfluss auf die Rudertechnik und die möglichen Schlagzahlen im Rennen hatte. Ende des 20. Jahrhunderts verschwand bei den Topteams das Holz fast völlig bei Skulls und Riemen. Nur noch die Griffe bestanden aus dem natürlichen Werkstoff, sie wurden in die röhrenförmigen Schäfte aus Kunststoff- und Kohlefasern eingesteckt und mit Klebstoff fixiert.

Den letzten großen Schritt bei der Entwicklung von Riemen und Skulls gab es vor den Olympischen Spielen von 1992. Da nutzten erstmals die internationalen Mannschaften in einem Topwettkampf die neue Form der asymmetrischen Ruderblätter. Setzte bis dahin der Schaft des Ruders quasi mittig am Ruderblatt an, so verschob sich der Ansatzpunkt bei den neuen Ruderblättern nach oben, was den Rudern selbst eine Ähnlichkeit mit einem Hackebeil gab. Schnell hatten sie dann auch diesen Namen weg. Ebenso war aber auch klar, dass man damit die Kraft noch besser ins Wasser bringen konnte. Heute hat sich diese Blattform in allen Bereichen durchgesetzt.

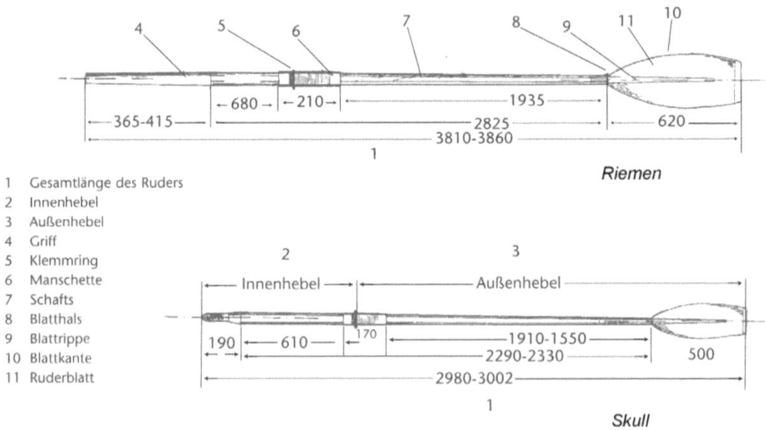

Abb. 5: Der Aufbau von Riemen (oben) und Skulls mit Bezeichnung der einzelnen Teile (Zeichnung: Oskar Loewe)

3.2.4 Die Ruderanlage

Die Bauform ist nun klar, aber das Wichtigste ist die gute Verbindung von Boot und Rudern, damit die Kraft der Ruderer möglichst optimal in Bootsgeschwindigkeit umgesetzt wird. Der Punkt, an dem sich das abspielt, ist die **Dolle**, ein u-förmiger Baustein aus Messing oder Kunststoff, der sich um einen fest mit dem Boot verbundenen Stift dreht. Der Stift sitzt üblicherweise an einem Ausleger, also einer Konstruktion ebenfalls aus Metall oder Kunststoff, die den Drehpunkt der Ruder ein Stück außerhalb des eigentlichen Bootsrumpfs bringt.

Damit ergeben sich möglichst große Hebelverhältnisse beim Durchzug. Die werden hergestellt durch die Lage des Ruders in der Dolle. Der Schaft eines Skulls oder Riemens wird an einer Stelle von einem angeschraubten Klemmring umgeben. Der teilt das Ruder in einen Innen- und einen Außenhebel. Der Klemmring liegt innen an der Dolle an, der Innenhebel mit dem Griff ragt ins Boot und wird vom Ruderer eingesetzt. Das längere Stück des Ruders liegt hinter der Dolle außerhalb des Boots, sodass das Ruderblatt durch die Ruderbewegung ins Wasser gesetzt und dann beim Ruderschlag durchgezogen werden kann.

Klingt alles ein wenig kompliziert, ist aber eigentlich ein einfacher Vorgang mithilfe - vereinfacht gesprochen - einer Stange und eines Drehpunkts. Und auch da spielen die Hebelgesetze eine große Rolle. Je länger der Innenhebel ist, desto weniger braucht man Kraft, um den Außenhebel durch das Wasser zu ziehen. Entsprechend kommt dann aber auch weniger Kraft an, was wiederum das Boot verlangsamt.

Um auf all diese Dinge Einfluss nehmen zu können, ist die Lage eines Klemmrings am Skull bzw. Riemen verschiebbar. Bei modernen Rudern können auch die aus Kunststoff bestehenden Griffe im Schaft ebenfalls verschoben werden, was weiteren Einfluss auf den Krafteinsatz hat. Genutzt werden diese ganzen Verstellmöglichkeiten, um z. B. auf Witterungseinflüsse auf einer Regattabahn reagieren zu können. Herrscht starker Gegenwind, wird das Boot gebremst, die für die Renndistanz benötigte Zeit verlängert sich.

Damit dem Ruderer dadurch nicht frühzeitig die Kraft ausgeht, kann man die Innenhebel „weicher" einstellen, also verlängern. Damit benötigt er weniger Kraft pro Schlag und kommt mit der verfügbaren Kondition wohl gut über die Rennstrecke. Entsprechend kann man die Ruder „härter" einstellen bei Schiebewind.

Der Ursprung des Zusammenspiels zwischen Ruder, Dolle und Boot war in der Frühzeit des Rennruderns noch recht übersichtlich. Da zählte die Kraft, die ein Ruderer einsetzen konnte und die entschied über Sieg oder Niederlage. Inzwischen hat sich die Verstellbarkeit von Skulls und Riemen, das **Trimmen**, im Rennsport zu einer kleinen Wissenschaft entwickelt, die innerhalb der Ausbildung von Trainern für den Spitzensport einen breiten Raum einnimmt.

Schon bei der Vorbereitung des Materials an Land können hier die Weichen für Erfolg und Misserfolg im Rennen gestellt werden, wenn Trainer oder Bootsmeister sich für eine unpassende Einstellung des Materials entscheiden.

Boote, Riemen und Skulls bilden also die Voraussetzungen für den Rudersport. Sie haben sich im Laufe der Jahrzehnte immer weiterentwickelt. Heute sind die bei Olympischen Spielen oder Weltmeisterschaften zum Einsatz kommenden Materialien millimetergenau auf die Mannschaften angepasst. Meist ist bei diesen Regatten auch mindestens ein hauptberuflicher Bootsmeister im Betreuerstab einer Nationalmannschaft dabei, um nötige Einstellungen auf die Gegebenheiten vor Ort fachmännisch vornehmen zu können.

Zusätzlich spielt die Pflege der Boote eine Rolle, Bootsrümpfe werden gerade bei den großen Wettkämpfen poliert, um durch eine glatte Oberfläche möglichst wenig Widerstand im Wasser zu erzeugen. Das gilt aber überwiegend im Hochleistungssport, bei dem es um Medaillen und Titel geht. Auf den Regatten im unteren Leistungsbereich und vor allem im Freizeit- und Breitensport trägt ein pfleglicher Umgang der Aktiven mit dem vorhandenen Material dazu bei, die Nutzungszeit eines Boots so lang wie möglich zu erhalten.

Im Topbereich sind es meist nur wenige Jahre, die ein Boot von einem Team genutzt wird. Spätestens beim Antritt zu den nächsten Olympischen Spielen steht meist neues Material zur Verfügung, auf das man sich im Training bereits einstellen kann. In den anderen Ruderbereichen kann ein Boot bei entsprechend guter Behandlung schon mal einige Jahrzehnte im Einsatz sein.

Wenn man bedenkt, dass ein neuer Rennachter der modernen Art etwa den finanziellen Gegenwert eines PKW der gehobenen Mittelklasse hat, kann man verstehen, dass Neuanschaffungen nicht ständig möglich sind. Und wenn ein Boot mal bei einem großen Erfolg zum Einsatz kam, also in ihm Gold bei den Olympischen Spielen gewonnen wurde, dann wird es noch einmal so gut von den Aktiven gepflegt und behandelt. Für nachfolgende Generationen ist es dann eine gewisse Ehre, in einem solchen Boot fahren zu dürfen.

3.3 BEWEGUNG, KOORDINATION UND KOMMANDOS

Nun sind die wichtigsten Grundbegriffe im Rudern erklärt und auch das Sportgerät - Boote, Skulls und Riemen - vorgestellt. Da braucht man sich also nur noch ans Wasser begeben, das Boot mit dem Material einsetzen und losfahren. Im Prinzip ja, aber ganz so einfach ist dann die Praxis doch nicht.

Der Anfänger, der zum ersten Mal auf einem Rollsitz Platz genommen hat und versucht, das Boot mit Ruderschlägen zu bewegen, merkt schnell, dass dies doch einige Übung verlangt. Entweder sind die Beine im Weg, die Arme bewegen zwar die Skulls ins Wasser, aber beim Ziehen bewegt sich das Boot kaum, der Rollsitz rutscht mit dem Oberkörper hin und her, ist aber doch immer an der falschen Stelle, um Arme und Beine einsetzen zu können. Und überhaupt, alles wackelt hin und her, man hat das Gefühl, jeden Moment ins Wasser zu fallen und von Spaß ist man ein Stück weit entfernt.

Aber, keine Angst, das ist alles völlig normal, denn Rudern sieht zwar zunächst einfach aus, hat aber doch einen etwas komplexeren Bewegungsablauf, den es mit ein paar Übungseinheiten zu erlernen gilt. Das ist wie mit dem Lernen des Fahrradfahrens bei Kindern. Die fahren am Anfang auch wackelig und Stützräder verhindern das Umkippen. Aber schnell sind die verschwunden und nach ein paar Runden klappt das mit dem Fahrradfahren ohne Probleme. Und das verlernt man dann sein Leben lang nicht mehr. Hat man dann mal längere Zeit nicht auf dem Sattel gesessen, sind die ersten Meter wieder etwas gewöhnungsbedürftig. Aber nach ein paar Minuten kommt die alte Sicherheit zurück und man kann das Fahren wieder genießen.

Beim Rudern ist das ähnlich. Hat man einmal den Bewegungsablauf verinnerlicht, setzt man sich in jedes Boot zusammen mit anderen Ruderkameraden und fährt los. Und hat man auch da mal eine längere Pause gemacht, ist es am Anfang auch noch ein wenig wackelig, aber nach ein paar Schlägen kommt man direkt wieder hinein in die gekonnt ausgeführte Ruderbewegung.

3.3.1 Erste Phase – die Auslage

Aber wie sieht diese nun aus? Zur Erklärung kann man den Ablauf eines Ruderschlags in **vier Phasen** zerlegen.

Der Schlag beginnt mit der **ersten Phase**, dem Einsetzen des Blatts ins Wasser. Das gilt sowohl für das Skullen wie auch für das Riemenrudern. Dazu sitzt der Ruderer mit angezogenen Beinen etwas nach vorne gebeugt mit ausgestreckten Armen in der Auslage. Die Hände umfassen locker den Griff am Innenhebel, die Ruderblätter schwimmen knapp unterhalb der Oberfläche senkrecht im Wasser.

Hier ist schon mal der erste Punkt, auf den man achten sollte: Rudern hat zwar mit Kraft und Durchzug zu tun, aber die Hände liegen dazu nicht fest umschlossen und quasi krampfartig um den Griff, sondern fassen diesen ganz locker nur mit den Fingern. Die Handfläche liegt ohne Druck auf dem Griff, bei den Skulls liegt der Daumen außen auf der runden Fläche am Ende des Griffs. Beim Ruderriemen liegen beide Hände auf dem Griff, die wasserseitige Hand umfasst das Ende des Innenhebels, die andere Hand liegt etwa auf Mitte des Oberkörpers.

3.3.2 Zweite Phase – der Durchzug

Der Schlag, also das Durchziehen der Blätter durch das Wasser, ist die **zweite Phase**. Sie beginnt mit dem leichten Aufrichten des Oberkörpers. Der Körper liegt in der Auslage auf den angezogenen Oberschenkeln auf. Die Rückenmuskeln spannen sich leicht an, dadurch kommt der Oberkörper in die aufrechte Position. Auch das erfolgt nicht ruckhaft oder mit großer Kraft, sondern nur so ganz leicht, als ob man auf einem Stuhl sitzend sich langsam um wenige Zentimeter aufrichtet. Der Rücken soll dabei nicht völlig steif gehalten werden, sondern locker und beweglich bleiben.

Dann beginnen die Beine mit dem Schub, sie werden also gestreckt. Auch hier sollte die Bewegung kontrolliert, also nicht ruckartig sein. Mit dem Strecken der Beine drückt man sich vom Stemmbrett, auf dem die Füße einen möglichst festen Sitz haben sollten, ab und bewegt damit den Rollsitz mit dem Oberkörper nach hinten.

Dadurch senken sich die Knie nach unten, geben also den Raum vor dem Oberkörper frei, damit man die Arme anziehen und damit die Hände mit dem Griff auf seinen Körper zuziehen kann. Die Blätter am anderen Ende des Ruders bewegen sich durch das Wasser und schieben das Boot vorwärts.

Was sich hier so in einzelne Bewegungen der Körperteile zerlegt kompliziert anhört, ist in der Praxis nach einiger Übung ein flüssiger Ablauf der Schlagbewegung. Am Anfang wird man sich noch auf jede Einzelbewegung von Körper, Armen und Beinen konzentrieren müssen, nach ein paar Übungen spürt man dann aber die Reaktion von Boot und Rudern auf die einzelnen Bewegungen und kann diese nahtlos aneinanderreihen. Daraus ergibt sich der reibungslose und effektive Ruderschlag.

3.3.3 Dritte Phase – die Rücklage

Die Anatomie des Körpers begrenzt den Ruderschlag. Sind die Beine gestreckt, die Arme angezogen und der Rollsitz am Ende der verfügbaren Rollbahn angekommen, geht der Schlag über in die **dritte Phase**, die Rücklage. Dies ist der hintere Umkehrpunkt des Ruderschlags.

Dabei wird der Oberkörper leicht nach hinten gelegt, aber auch hier locker und unverkrampft. Die Rücklage ist auch nur wenige Zentimeter weit, also so, als ob man sich an die Rückenlehne des heimischen Sofas anlehnt. Dabei ist die Körperhaltung weiter aufrecht, der Rücken ist nicht rund und die Schultern bleiben gerade, sacken also nicht in Richtung Körpermitte ab oder werden in Richtung Ohren hochgezogen

Die Hände sind beim Skullen etwa eine Daumenlänge vom Körper entfernt und auf Höhe des unteren Rippenbogens und werden auf dieser Höhe bei richtiger Einstellung des Stemmbretts seitlich neben den Körper gezogen. Beim Riemenrudern endet die Bewegung der Arme kurz vor dem Körper ebenfalls auf Höhe des unteren Rippenbogens.

Man zieht beim Skullen und Riemenrudern die Griffe also nicht mit Kraft nach oben zum Hals oder Kopf, sondern lässt sie ganz locker an den Körper herankommen. Durch diesen Weg der Hände ergibt sich, dass das Ruderblatt am Ende des Skulls nicht tief ins Wasser hineingezogen wird, sondern den gesamten Durchzug über knapp unter der Wasseroberfläche bleibt. So kann man die meiste Kraft hinter den Ruderschlag bringen, also den meisten Vortrieb erzeugen. Durch die Lage der Blätter im Wasser und den Platz, den man nun vor dem Oberkörper hat, kann man nun die Hände leicht nach unten drücken und das Blatt so aus dem Wasser herausheben.

Dieser Bewegungsablauf macht am Anfang wohl noch ein paar Probleme, denn hat man die Hände zu hoch an den Oberkörper geführt und ist damit das Ruderblatt doch tiefer im Wasser drin, fängt man sich schnell einen **Krebs**. So nennt es der Fachmann, wenn das Blatt im Wasser hängen bleibt, durch die Vorwärtsbewegung des Boots sich dann gerne im Wasser verkeilt und der Ruderschlag abrupt gestoppt wird. Aber auch das ist mit ein wenig Übung schnell erlernt und die Erfahrung zeigt dann dem Anfänger, wie es richtig gemacht wird.

Ein guter Trainer, der die Ausbildung von Anfängern durchführt, wird deshalb immer wieder darauf hinweisen, dass man zunächst mit möglichst wenig Kraft den Schlag ausführt. Man sollte erst mal das Gefühl dafür bekommen, wie das Ruderblatt im Wasser liegt und sich dort verhält. Durch die Bauart von Boot, Ausleger, Dolle und Skull bzw. Riemen ist immer dafür gesorgt, dass das Ruderblatt eigentlich optimal durch das Wasser geht.

Man braucht am Anfang nur ein wenig mit den Fingern am Griff zu ziehen, um diesen Verlauf kennenzulernen. Nach und nach wird dieser Vorgang mental verinnerlicht und man kann langsam auch die eigene Körperkraft einsetzen und so das Boot schneller machen.

3.3.4 Vierte Phase – das Vorrollen

Fehlt noch die **vierte Phase** des Ruderschlags, das **Vorrollen**. Es beginnt, wenn der Körper in Rücklage ist. Die Blätter werden aus dem Wasser gehoben, mit einer leichten Kippbewegung des Handgelenks nach unten gedreht (Abdrehen)), sodass das Ruderblatt parallel zum Wasser oberhalb der Oberfläche in der Luft liegt. Dann werden die Arme nach vorne gestreckt, auch hier nicht ruckartig, sondern mit einer kontrollierten, flüssigen Bewegung. Der Oberkörper richtet sich wieder zur Senkrechten auf und die Beine werden angezogen, um den gesamten Körper wieder in die Auslage zurückzubringen.

Am Ende des Vorrollens liegt dann der vordere Umkehrpunkt, an dem die Blätter wieder senkrecht zum Wasser gedreht (Aufdrehen) und in der vordersten Position wieder zum nächsten Schlag ins Wasser gesetzt werden (Wasserfassen). Am Anfang wird man wohl öfter mal mit den Händen an den hochkommenden Knien hängen bleiben. Aber auch diese Koordination der Arme und Beine ist bald erlernt.

Und der Anfänger stellt dann auch schnell einen ebenfalls oft gemachten Fehler ein, das vertikale Auf und Ab der Hände während eines Ruderschlags. Bei einem sauber ausgeführten Ruderschlag ist diese Bewegung nur ganz kurz. Auch dafür sorgt die Technik des Bootsbaus, die das saubere Führen des Blatts sowohl im wie auch über dem Wasser unterstützt.

Wichtig für die Vorrollphase ist noch, dass sie kontrolliert und nicht ruckartig ausgeführt wird. Für den Anfänger gilt die Faustregel, dass das Vorrollen möglichst doppelt so lange dauern sollte, wie der Durchzug. Ist man mit dem Vorrollen wieder in die Auslage zurückgekehrt, beginnt der nächste Ruderschlag.

Diese gesamte Beschreibung der vier Phasen eines Ruderschlags liest sich für den Anfänger vielleicht etwas kompliziert und man kann zunächst die einzelnen Einsätze von Körper, Armen und Beinen in der Theorie nur schwerlich nachvollziehen. Das ändert sich aber schnell, wenn man zusammen mit einem entsprechend ausgebildeten Trainer das erste Mal in einem Boot oder auf einem Ruderergometer sitzt. Dann wird schnell klar, was mit Aufrichten, Beugen, Strecken, Durchziehen und Führen der Hände gemeint ist und was an den Umkehrpunkten zu tun ist, um den Ruderschlag flüssig zu halten. Und dann wird auch schnell bewusst, dass Rudern vor allem von einer guten Technik und Koordination der Bewegungen lebt.

Hat man die Technik nach ein paar Übungseinheiten verinnerlicht, kommt der Spaß an der Bewegung, das Gefühl für das Boot und die Geschwindigkeit und das Gemeinschaftserlebnis in einer Mannschaft ganz von allein dazu. Dazu spürt man, wie der eigene Körper die für die Bewegungen erforderliche Muskulatur anspricht und dann auch aufbaut. Damit kommt dann auch die Kraft, um das Boot möglichst schnell und ohne Wackeln und Schlingern durch das Wasser gleiten zu lassen.

Und nach und nach steigert sich dann auch die Schlagzahl, die in Schlägen pro Minute angegeben wird. Am Anfang sind das nur wenige, weil man doch immer mal wieder am Wasser mit dem Blatt hängen bleibt oder irgendein Körperteil durch die noch fehlende Koordination der Bewegung im Wege ist. Aber das übt sich ein und man kommt richtig auf Touren. Bis man aber im Renntempo mit Schlagzahl 30 und höher das Wasser durchpflügt, braucht es dann doch einige Zeit des Trainings. Nicht umsonst gilt Rudern im Leistungsbereich als ein sehr trainingsintensiver Sport.

Es ist wie in den meisten anderen Sportarten auch, am Anfang sollte man sich mit dem Material und den Bewegungsabläufen vertraut machen. Auch dem Fußballer gelingt nicht sofort das perfekte Dribbling, dem Tennisspieler die unwiderstehliche Vorhand oder dem Golfer der gekonnte Abschlag. Auch der Ruderer steigt nicht ins Boot und fährt direkt ein Rennen. Dazu muss man unabhängig von Kraft und Kondition zunächst an der Technik feilen und sich nach und nach steigern.

3.3.5 Die Ruderkommandos

Zuvor bleiben wir aber noch bei der Koordination, allerdings bezogen auf eine ganze Rudermannschaft, die ja bereits ab einem Zweier beginnt und im Rennsport beim Achter endet. Rudern ist eine der wenigen Sportarten, bei der jedes Mannschaftsmitglied in jedem Moment möglichst exakt die gleiche Bewegung ausführt.

Nur wenn alle Ruderer im selben Moment das Blatt ins Wasser setzen und mit dem Durchzug beginnen, kann optimal Geschwindigkeit aufgenommen werden. Und wenn alle Ruderer im selben Moment das Blatt wieder aus dem Wasser heben, es drehen und dann zusammen vorrollen, bleibt das Boot stabil in der Lage und kippt nicht oder kentert gar. Genau diese Koordination einer Rudermannschaft, die im Rennen erfolgreich sein möchte, erfordert sowohl Training wie auch das Gefühl bei jedem einzelnen Mannschaftsmitglied.

Damit das während einer Ruderausfahrt gelingt, gibt es im Rudern einzelne **Kommandos**, die ein Steuermann oder ein anderes erfahrenes Mannschaftsmitglied gibt. Dies ist die Sprache der Ruderer, die für den reibungslosen Ablauf einer Ausfahrt im Boot sorgt. Wir wollen hier nicht auf alle Kommandos eingehen, dazu gibt es ebenfalls weiterführende Literatur (siehe Anhang).

Grundsätzlich gilt für alle diese Kommandos, dass sie aus einer Ankündigung und einer Ausführung bestehen. An Land gibt es einige Kommandos für das Aufnehmen, Drehen, Tragen und Ablegen eines Boots. Liegt das Boot im Wasser und sind die Riemen bzw. Skulls eingelegt, erfolgt das Kommando: „Fertigmachen zum Einsteigen!" Die Ruderer setzen einen Fuß ins Boot auf ein kleines Brett vor dem Rollsitz, der andere Fuß steht noch auf dem Bootssteg am Ufer des Gewässers. Mit dem Kommando: „Stoßt - ab!“, drückt man sich mit dem Fuß vom Ufer ab, setzt sich auf den Rollsitz und stellt beide Füße auf das Stemmbrett.

Hat man sich dann ruderfertig gemacht, den Sitz der Kleidung, der Ruder in der Dolle und der Füße auf dem Stemmbrett kontrolliert, kommt das Kommando: „Auslage!“ Die Ruderer rollen vor und mit dem Kommando: „Los!“, beginnt der erste Ruderschlag, dem dann viele weitere folgen. Soll der Ablauf der Ruderschläge gestoppt werden, kommt das Kommando: „Ruder - halt!“

Nach dem dann folgenden Ruderschlag stoppen alle Ruderer in der Rücklage, die Arme werden gestreckt, sodass die Ruder senkrecht zum Bootsrumpf stehen. Die Blätter werden auf dem Wasser abgelegt, mit dem Festhalten am Innenhebel stabilisieren die Ruderer das Boot, verhindern ein Umkippen.

Das sind die Grundkommandos für das Fahren auf dem Wasser. Dazu gibt es natürlich noch einige andere Anweisungen für Manöver, etwa wenn man einem Hindernis ausweichen muss, das Boot für eine Fahrtrichtungsänderung wenden will oder wenn man am Ende der Ausfahrt wieder am Steg bzw. Ufer anlegen möchte.

Und natürlich gibt es auch noch eine Reihe von Anweisungen an die Ruderer, wenn der Steuermann oder Trainer Fehler in der Bewegung erkennt und korrigierend eingreift. Je nach Situation ist es vielleicht auch nötig, mit einem Boot rückwärts zu fahren. Auch das erfolgt auf Kommando, der Ruderschlag wird dann in umgekehrter Reihenfolge ausgeführt. Das Blatt ist beim Vorrollen im Wasser, die Griffe werden vom Körper weggeschoben und in der Auslage erfolgt das Ausheben mit dem Rückführen der Blätter wieder in die Rücklage.

Mit diesen theoretischen Beschreibungen der Ruderbewegung und der nötigen Koordination von Körper und Mannschaft wollen wir Kap. 3 schließen. Wer nun Lust bekommen hat, sich doch mal selbst ins Boot zu setzen, um das Rudern als Sportart für sich zu entdecken, der findet im nächsten Kapitel einige Tipps, wie man einsteigt in den Rudersport.

★ 4 ★ EINSTIEG IN DEN RUDERSPORT UND SEINE ORGANISATIONEN

Die Grundlagen der Sportart sind im vorherigen Kapitel beschrieben worden, die wichtigsten Begriffe sowie die notwendigen Sportgeräte wurden aufgeführt. Nun kann es also losgehen, raus aufs Wasser und die erste Runde mit dem Boot fahren.

- ★ Aber wie geht das, wo bekommt man ein Boot und wie kann man dessen Beherrschung und die beschriebenen komplexen Bewegungsabläufe erlernen?
- ★ Und darf man eigentlich so ohne Weiteres auf jedem Gewässer rudern oder braucht man dazu eine Genehmigung?
- ★ Welche Regeln gelten, wenn ich auf andere Wasserfahrzeuge treffe?

Auf all diese Fragen soll dieses Kapitel einige Antworten geben.

Rudern ist vor allem ein Mannschaftssport. Natürlich kann man auch im eigenen Einer rausfahren und es gibt ganz vereinzelt Ruderer, die ein eigenes Boot auf einem Grundstück am Wasser liegen haben und dort auch für die eigene Fitness regelmäßig rudern gehen. Aber die kann man mit der Lupe suchen, in Deutschland dürften es nur wenige sein, die so den Rudersport betreiben.

4.1 RUDERN IST VEREINSSPORT

Verbreitet ist das Rudern in Deutschland als typischer Vereinssport. Es gibt etwa 500 Vereine und Vereinigungen im Bereich von Schulen und Universitäten, die ihren Mitgliedern den Rudersport bieten. Auch in allen anderen Ländern auf der Welt ist diese Organisationsform zu finden, entweder als Sportriege einer Schule, einer Hochschule oder eben auch als von Mitgliedern gegründeter Klub zur Ausübung des Rudersports.

Nun wird das Vereinswesen gerade in Deutschland nicht selten kritisch gesehen, ihm haftet der Mief früherer Generationen an, das enge Korsett, sich als Mitglied ein- und unterordnen oder auch an Vereinsaktivitäten beteiligen zu müssen, zu denen man weder Lust noch Zeit hat. Viele der immer wieder genannten Argumente gegen die Mitgliedschaft in einem Verein sind durchaus nachvollziehbar und vom Standpunkt des Betrachters aus auch berechtigt.

Dennoch hat sich das Vereinsprinzip für den Rudersport im Laufe der zurückliegenden fast 200 Jahre in Deutschland nicht nur durchgesetzt, sondern auch vielfach bewährt. Vereine organisieren den Rudersport. Das beginnt bei der Beschaffung, Bereitstellung und Pflege von Booten und Material. Die Klubs verfügen dazu über eigene Häuser und Hallen in der Nähe von Gewässern.

Hier sind die Boote gelagert, die mit ihrer Länge meist nicht in eine übliche Garage passen und auch nicht ständig zwischen einem externen Bootslager und Gewässer über längere Strecken hin und her transportiert werden können. An den Bootshäusern trifft man sich, hier werden die Mannschaften vom Zweier bis zum Achter für ein Training oder den Freizeitsport zusammengestellt und das Bootshaus ist Ausgangs- und Endpunkt für die Ausfahrten.

Die Vereine sorgen durch ihren Anschluss an übergeordnete Organisationen und öffentliche Verwaltungen, dafür, dass die Genehmigungen für die Nutzung von Gewässern vorliegen, insbesondere, wenn es sich um

Bundeswasserstraßen mit Berufsschifffahrt handelt. Und nicht zuletzt sorgen die Vereine für die Ausbildung von Trainern, die dann Mannschaften im Leistungssport betreuen oder eben dem Einsteiger im Rudersport über die ersten Hürden helfen.

4.2 DER EINSTIEG IN DEN RUDERSPORT

Und damit sind wir beim ersten Kontakt mit dem Rudern. Wer sich für die Sportart interessiert, wendet sich am besten an einen Verein in der Nähe, vereinbart einen ersten Besuch auf dem Vereinsgelände mit einem Rudertrainer, der dann alle notwendigen Dinge erklärt. Voraussetzung für den Start in das Rudern ist, dass man das Schwimmen beherrschen muss. Auch wenn es selten im Rudern zu Kenterungen kommt, machen alle Vereine das zur persönlichen Sicherheit der Aktiven zur Pflicht.

Eine sportärztliche Untersuchung ist zu empfehlen, um Herz- oder Kreislauferkrankungen auszuschließen. Das ist zwar keine unbedingte Pflicht, aber beim Rudern kommen doch alle Muskeln des Körpers gleichzeitig in Bewegung, was dann schon ein wenig Kondition erfordert, die man so aus anderen Sportarten nicht unbedingt gewohnt ist. Für körperlich aktive Kinder und Jugendliche, die etwa im Alter von 10 Jahren die nötige Körpergröße haben, um mit dem Rudern beginnen zu können, mag eine solche Untersuchung nicht erforderlich sein. Für Erwachsene kann sie aber zur eigenen Sicherheit besonders nach längerer Sportabstinenz durchaus sinnvoll sein.

Damit ist schon ausgedrückt, dass Rudern grundsätzlich in jedem Alter erlernt werden kann. Jüngere im Schulalter tun sich da meist etwas leichter und haben die Bewegungsabläufe schnell verinnerlicht. Aber auch Erwachsene können einsteigen in diese Sportart, der sie dann meist zur eigenen Fitness im Kreis von Freunden oder der Familie nachgehen. Da bietet Rudern ein breites Spektrum an Ausübungsmöglichkeiten, denen man bis ins hohe Lebensalter von 80 und mehr Jahren frönen kann.

Da man durch das Sitzen im Boot die eigenen Gelenke entlastet, gleichzeitig aber der gesamte Körper organisch wie muskulär beim Rudern trainiert wird, gilt Rudern aufgrund wissenschaftlicher Untersuchungen als eine der gesündesten Sportarten mit einer Lebensspanne von acht bis 80 Jahren. Viele aktive Ruderer in den Vereinen im Seniorenalter sind der lebende Beweis dafür.

Kehren wir zurück zum ersten Kontakt am Verein mit einem Rudertrainer. Aus dem entsteht üblicherweise die Vereinbarung zum Treffen zur ersten Ausfahrt auf dem Wasser oder Übungseinheit auf dem im Verein vorhandenen Ruderergometer. Das wird in den Vereinen unterschiedlich gehandhabt.

Liegt ein Klub an einem ruhigen See, kann man einen Anfänger direkt in einen Einer setzen und die ersten Ruderschläge einüben. Selbst wenn er dann mal im noch ungewohnten schmalen Boot umkippt, ist das Ufer meist nicht weit und der Trainer kann schnell eingreifen und helfen.

Etwas anders ist das auf Flüssen mit Schifffahrt. Da gehen viele Vereine den Weg, zunächst erst mal den Bewegungsablauf auf einem Ruderergometer in der Sporthalle einzuüben, um dann bei der ersten Ausfahrt in einem Mannschaftsboot die Konzentration auf die Gewöhnung an die Bootsbewegungen und das Umfeld zu legen. Da hat jeder Verein seine eigenen Abläufe und Übungsformen, die eben auch vom Gewässer abhängig sein können.

Eines ist in jedem Fall für den Anfang überall gleich: Man benötigt keine teure Ausrüstung oder Kleidung, die man sich vor der ersten Ausfahrt anschaffen muss. Da reichen ein T-Shirt, eine kurze oder lange Sporthose, ein Sweatshirt und möglichst einfache Sportschuhe, die auch mal nass werden dürfen. Das alles hat man meist im Schrank und es reicht fürs Erste aus. Viele Vereine bieten zunächst eine zwei- bis dreimonatige Ausbildungszeit gegen einen kleinen Kostenbeitrag oder auch kostenlos an. Hat man dann Spaß an der Sportart und möchte sie weiterbetreiben, tritt man üblicherweise erst dann dem Klub als Mitglied bei.

Viele Vereine legen bei den Ausfahrten vom Bootshaus aus einigen Wert darauf, dass ihre Sportler auch im Freizeitbereich ein einheitliches Trikot und weitere Kleidung möglichst in den Vereinsfarben tragen. Solche Accessoires werden durch die Klubs den Mitgliedern zu adäquaten Preisen angeboten. Diese Kleidung stammt überwiegend von Herstellern, die sich auf Wassersport und speziell das Rudern in ihrer Produktion konzentrieren. Damit ist gewährleistet, dass Schnitt und Qualität der Kleidung der Beanspruchung beim Rudern entgegenkommt.

Das gilt besonders für die sogenannten *Einteiler*, ein Kleidungsstück, bei dem die Hose und das Trikot miteinander vernäht sind, ähnlich wie bei einem Overall oder Rennanzug. Vor allem im Leistungssport hat sich diese Form der Ruderbekleidung im Laufe der letzten 20 Jahre durchgesetzt.

Sind die ersten Schläge getan, steigert sich mit jeder Übungsstunde die Sicherheit im Boot, der Bewegungsablauf geht immer mehr in Fleisch und Blut über und bald kann man dann die Ausfahrt genießen und sich in den allgemeinen Ruderbetrieb des Vereins integrieren. Schnell lernt man dann den Umgang mit den Booten und dem Material und die Abläufe bei den erteilten Ruderkommandos. Viele Vereine beginnen mit dem Skullen, da hier die Ruderer mittig im Boot sitzen und damit das Geradehalten des Körpers über der Kiellinie gleich zu Beginn eingeübt wird.

Nichts nervt einen erfahrenen Ruderer mehr, als das Hin- und Herkippen eines Boots während der Ausfahrt. Deshalb sollte man möglichst seitliche Bewegungen des Oberkörpers vermeiden, was man beim Skullen am besten üben kann. Der Übergang zum Riemenrudern fällt dann nicht schwer. Hier schwingt dann der Oberkörper in der Auslage etwas auf die Seite, auf der man selbst rudert. Das wird aber durch die entsprechende Bewegung der Aktiven auf der anderen Seite ausgeglichen, sodass mit etwas Übung das Boot auch beim Riemenrudern nicht kippt.

Erfahrung macht den Meister, das gilt auch im Rudern. Hat man nach der Ruderausbildung Anschluss an andere Aktive gefunden und sich vielleicht in eine feste Rudermannschaft integriert, dann werden die Ausfahrten auf dem Wasser schnell zur Entspannung, zum Abschalten vom Alltag und zur spürbaren Steigerung der körperlichen Fitness. Dann steht die Türe offen zur Teilnahme an längeren Fahrten, an Breitensportveranstaltungen mit Regattacharakter oder auch zur Aufnahme eines leistungssportlichen Trainings. Auf diese verschiedenen Formen des Rudersports gehen wir in weiteren Kapiteln noch ein.

4.3 STRUKTUR DER VEREINE

Blicken wir an dieser Stelle etwas über den Tellerrand des Vereins hinaus. Er ist die Organisationsform, die dem aktiven Ruderer alle Möglichkeiten schafft, den Sport auszuüben. Dabei sind die Vereine je nach Region und Umfeld ganz unterschiedlich aufgestellt. Manche sind relativ klein, haben nur eine mittlere zweistellige Anzahl an Mitgliedern, die aber in ihrem Klub alle Möglichkeiten zur Sportausübung vorfinden.

Vereine vor allem in den größeren Städten haben meist Mitgliederzahlen im mittleren bis hohen dreistelligen Bereich, darunter ein großer Anteil an regelmäßig aktiven Sportlern. Hier findet man dann auch größere Häuser mit Räumen für gesellschaftliche Veranstaltungen und Treffen. Auch bieten viele Rudervereine eigene Häuser mit gastronomischen Betrieben und mit Sport- und Trainingshallen sowie Krafträumen, die alle Möglichkeiten zur körperlichen Betätigung bieten.

Die richtige Auswahl des Vereins, in dem man sich am wohlsten fühlt, muss jeder für sich selbst treffen. Nicht selten spielen dabei aber auch familiäre Bindungen eine Rolle, die den Anschluss der verschiedenen Generationen in einem Klub meist leichter machen.

Und noch etwas sei an dieser Stelle angemerkt: Rudern ist eine Sportart, die generell keine Trennung zwischen den Geschlechtern kennt, vor allem nicht im Freizeitbereich. Im Leistungssport gibt es zwar die separaten Klassen der Geschlechter, aber gerade bei regionalen und nationalen

Regatten bis hin zu offiziellen Meisterschaften sind auch immer mehr Mixklassen ausgeschrieben.

Dominierten am Anfang der Geschichte des Ruderns als Sportart klar die Männer, so hat sich das Bild seitdem doch deutlich gewandelt. Rund 30 % der Aktiven sind Frauen, die an Kraft, Ausdauer und Engagement den männlichen Sportlern in nichts nachstehen. Gab es Anfang des 20. Jahrhunderts in der Mitgliedschaft vieler Vereine noch eine klare Trennung, so findet man heute kaum noch Klubs, die nur einem Geschlecht vorbehalten sind. Das wirkt sich auf das gesamte Vereinsleben aus.

Im internationalen Hochleistungssport hat man in den olympischen Bootsklassen inzwischen ebenfalls einen Gendergleichstand hergestellt.

4.4 DIE DACHVERBÄNDE

Über den Vereinssport hinaus kann man bei Interesse seine eigenen Aktivitäten ausbauen. Sei es im Bereich Sport mit einer Ausbildung als Steuermann oder Bootsführer bis hin zum Trainer. Oder im Feld des Vereinsmanagements sowie im handwerklichen Umfeld für die Pflege und Reparatur von Booten und Material bieten Vereine eine breite Palette an Entfaltungsmöglichkeiten. Die Ausbildung selbst wird durch die Verbände im Rudern durchgeführt, denen fast jeder Ruderverein angeschlossen ist.

In Deutschland gibt es insgesamt 15 Landesverbände (LRV), den Bundesländern entsprechend. Hier haben sich im Südwesten Rheinland-Pfalz und das Saarland zusammengeschlossen, deshalb sind es nur 15 statt 16 Verbände. Bei ihnen sind die jeweiligen Vereine aus dem Bundesland Mitglied und können so an Aus- und Fortbildungsmaßnahmen, die zentral von den LRV angeboten werden, teilnehmen.

Eine der wichtigen Aufgaben der LRV ist zudem die Förderung und Koordination des Nachwuchs-Leistungssports. Hierzu finden u. a. dezentral

Projekte zur Talentsichtung und -findung statt, an den Leistungszentren der Länder werden einzelne Ruderer aus verschiedenen Vereinen zusammengezogen zur Bildung guter nationaler Mannschaften. Zusätzlich sind die LRV auch Ansprechpartner der Landesbehörden, wenn es etwa um größere Baumaßnahmen an Gewässern geht oder Entscheidungen für die Organisation des Sports auf Landesebene getroffen werden.

Gemäß dem föderalen System in der Bundesrepublik Deutschland kommt nach den Ländern der Bund. Im Rudern ist die nächste Instanz nach den LRV somit der Deutsche Ruderverband (DRV) als Spitzensportverband in der Organisation des Deutschen Olympischen Sportbundes (DOSB).

Eine kleine Besonderheit gibt es allerdings bei den Ruderern. Während andere DOSB-Sportverbände geradlinig das föderale System abbilden und nur die jeweiligen Landesverbände als Mitglieder führen, ist der DRV seit seiner Gründung 1883 ein Verband der Vereine. Hier sind alle deutschen Rudervereine, die Landesverbände und andere Institutionen unter einem gemeinsamen Dach organisiert und können sich an der Gestaltung des Rudersports in Deutschland direkt beteiligen.

Bei der Gründung des DRV stand die Schaffung einheitlicher Regeln für die Organisation und Durchführung von Regatten und Rennen im Vordergrund. Dieser Bereich nimmt bis heute den größten Raum in der Arbeit des DRV ein. In Abstimmung mit den Landesverbänden bietet der DRV ebenfalls Aus- und Weiterbildungen für Trainer, Wettkampfrichter und Organisatoren an.

Alljährlich koordiniert der DRV innerhalb eines Jahreskalenders das flächendeckende Angebot an Regatten und Wettkämpfen für jede Altersstufe und Leistungsklasse. Das geht von den Kindern zwischen 11 und 14 Jahren über die Altersklassen der Jugendlichen und Senioren bis hin zu den Masters, bei denen die Altersklassen zwischen 27 und über 85 Jahren bei Damen und Herren eingeteilt sind. Für wen also im Sport der Wettkampf und das Messen mit Gleichgesinnten im Vordergrund steht, der findet im Rudern dazu ein breites Angebot.

Darüber hinaus ist der DRV verantwortlich für die Bildung und Entsendung der jeweiligen Nationalmannschaften in den unterschiedlichen Altersklassen. Sportliche Ziele für diese Teams sind die international ausgetragenen Welt-Cups, Europa- und Weltmeisterschaften sowie die Olympischen Spiele.

Und damit sind wir auf der internationalen Ebene angekommen, auf der der Rudersport durch den Weltverband FISA vertreten wird. Er ist als Veranstalter verantwortlich für die Ausrichtung der Regatten, sorgt in enger Zusammenarbeit mit seinen nationalen Verbänden für die regelkonforme Durchführung der Rennen, nominiert die Wettkampfrichter mit den entsprechenden internationalen Lizenzen und koordiniert mit den internationalen Vertretern der Medien die Übertragung der Wettkämpfe im Fernsehen und den Plattformen im Internet.

Vom Verein bis zum Weltverband – das ist ein sehr breites Spektrum, in dem sich der Rudersport abbildet. Vor allem bei den Verbänden nimmt der Leistungssport den größten Teil davon ein. Doch insgesamt bildet der Freizeit- und Breitensport die große Basis innerhalb der deutschen Vereine. Hier sind rund 80 % der Aktiven im Rudern unterwegs. Wo genau die Grenzen zwischen dem Leistungs- und dem Breitensport liegen, wollen wir in den nächsten Kapiteln näher betrachten.

4.5 DIE ALTERSKLASSEN

Vorher aber sollen noch die im Rudern verwendeten Abkürzungen für die Boots- und Altersklassen erklärt werden. Davon gibt es nämlich eine Menge an möglichen Kombinationen zwischen Einer und Achter, verbunden mit den Klassen der Kinder bis zu den Masters. Um die folgenden Kapitel etwas verständlicher und lesbarer zu machen, finden sich hier die in der Organisation und Abwicklung von Regatten eingeführten Kurzschreibweisen:

Zunächst die Bootsklassen:

Einer	1x
Zweier o. St.	2-
Zweier m. St.	2+
Doppelzweier	2x
Vierer o. St.	4-
Vierer m. St.	4+
Doppelvierer	4x
Doppelvierer m. St.	4x+
Achter	8+

Abb. 6: Gebräuchliche Bezeichnung der Bootsklassen

Die Nachwuchsklassen der Kinder und Junioren unterteilen sich in Deutschland wie folgt: Kinder im Alter von 11-14 Jahren werden eingeteilt in Rennen für Jungen und Mädchen mit der Nennung des jeweiligen Jahrgangs. Jugendliche im Alter von 15 und 16 Jahren erhalten die Bezeichnung Junioren-B bzw. Juniorinnen-B. Die Jugend im Alter von 17 und 18 Jahren werden mit Junioren-A bzw. Juniorinnen-A in den Rennen benannt. Danach beginnt die Seniorenklasse.

Für Aktive zwischen dem 19. und dem 22. Lebensjahr gibt es die Klasse Senioren-B, männlich wie auch weiblich. In diesem Bereich werden Nachwuchssportler an die Topklasse im Rudern herangeführt, ohne direkt gegen amtierende Weltmeister oder Olympiasieger in den Rennen antreten zu müssen.

Den Senioren-B ist es aber überlassen, ob sie auch als Nachwuchsruderer in der Senioren-A-Klasse antreten, in der alle Aktive ab dem 23. Lebensjahr zusammengefasst sind. Das ist leistungsmäßig gesehen die höchste Rennklasse, für die es nach oben keine Beschränkung im Alter gibt.

International teilt die FISA die Rennen und damit auch ihre Meisterschaften in drei Altersbereiche ein: Mit der Klasse U19 sind alle Jugendliche zusammengefasst, jeweils männlich und weiblich. Üblicherweise starten hier die 17- und 18-Jährigen, aber vereinzelt sind auch bereits leistungsstarke Aktive im Alter von 16 Jahren nach gesundheitlicher Prüfung zugelassen. Analog zur Senioren-B-Klasse national gibt es international die Klasse U23, die auch hier für Athleten im Alter zwischen 19 und 22 Jahren vorbehalten ist. Wer diese Altersgrenze überschritten hat, startet in der offenen Seniorenklasse, in der es keine weitere Altersbegrenzung gibt.

Wer im fortgeschrittenen Alter gerne Rennen gegen gleichwertige Gegner fahren möchte, dies aber nicht mehr auf Welt- oder Olympianiveau, kann in den Klassen der Masters antreten. Das ist in etwa vergleichbar mit den „alten Herren" in vielen Ballsportarten.

Beim Rudern gibt es insgesamt 13 Altersklassen. Sie beginnen ab dem 27. Lebensjahr mit den Masters-A und enden bei der Klasse Masters-M für Ruderer älter als 89 Jahre. Auch hier wird unterschieden zwischen Damen und Herren, es gibt aber auch einige Rennen, vor allem im Achter, die gemischt besetzt sind.

Altersklasse und Bootsklasse, das zusammen ergibt dann für die jeweiligen Regatten die Rennklasse, die ausgeschrieben ist und in der dann um die Siege gefahren wird. Die Vielfalt der Kombinationsmöglichkeiten mag den Laien und Anfänger zunächst ein wenig verwirren, aber wenn man mal ein paar Rennen und Ruderveranstaltungen verfolgt hat, ist man damit schnell vertraut.

★ 5 ★

LEISTUNGSSPORT

Das Messen der Kräfte gemäß festgelegten Regeln ist die Grundlage vieler Sportarten. Das gilt auch für das Rudern. Hier geht es darum, in einer möglichst kurzen Zeit eine festgelegte Strecke zurückzulegen, um damit schneller an das Ziel zu kommen als die Gegner. Dabei können die Streckenlänge, die Anzahl der Gegner, die Anzahl und Zusammenstellung der eigenen Teammitglieder und die Vorgaben zur Nutzung des jeweiligen Materials variieren. Klingt zunächst sehr theoretisch, wird aber schnell klarer beim Lesen der nächsten Kapitel, in denen die einzelnen Wettkampfformen beschrieben sind.

Grundsätzlich kann man Rudern als eine sehr trainingsintensive Sportart bezeichnen. Am Anfang sind es einzelne Übungsstunden pro Woche. Das steigert sich dann nach und nach, wenn man Rudern intensiver als Leistungssport betreiben möchte. In den Klassen der Kinder und Jugendlichen zwischen neun und 14 Jahren sind es je nach Ambitionen 2-3 Trainingseinheiten pro Woche, wobei eine Einheit mit ca. 1-1,5 Stunden zu rechnen ist.

Setzt man sich das Ziel, in den Jugendklassen im Alter zwischen 15 und 18 Jahren an den nationalen Meisterschaften teilnehmen, sind schon

4-5 Einheiten in der Woche einzuplanen. Soll es dann auch in Richtung der Nationalmannschaften der Junioren gehen, wird tägliches Training nötig. Und wer dann im Seniorenbereich ab dem 19. Lebensjahr ganz vorne mit dabei sein möchte bei den internationalen Meisterschaften oder Olympischen Spielen, der sollte sich auf 10-12 Trainingseinheiten pro Woche einstellen, also meist zwei pro Tag.

Das gilt natürlich jeweils neben schulischen, beruflichen oder universitären Ausbildungswegen. Denn trotz Sporthilfe und Unterstützung durch Sponsoren sind Ruderer selten finanziell auf Rosen gebettet. Preisgelder bei Regatten gibt es kaum, und wenn, dann auch nur in geringen Beträgen, die dann meist in die Vereins- oder Mannschaftskasse zur Finanzierung der Trainingsaufwendungen fließen.

Wer also in die Sportart Rudern einsteigt, um irgendwann einmal um olympische Medaillen mitzukämpfen, sollte sich darauf einstellen, dass der Sport in den aktiven Jahren eine dominierende Rolle spielen wird. Und das bei einem persönlichen Ertrag, der mehr im Ideellen, als im Finanziellen, angesiedelt ist.

Trotzdem gilt ein Platz in einem Topteam wie etwa dem Deutschlandachter für viele ambitionierte Ruderer als die Erfüllung ihres Traums. Dazu ist nicht nur körperliche und mentale Fitness nötig, sondern auch die Fähigkeit, sein Leben außerhalb des Trainings zu organisieren, berufliche Ausbildung und private Interessen in einen meist stramm strukturierten Zeit- und Trainingsplan zu integrieren.

5.1 LEICHTGEWICHTE UND STEUERLEUTE

Ein besonderer Bereich des Leistungssport sei an dieser Stelle beschrieben, das **Leichtgewichtsrudern**. Kraft und Ausdauer, das sind die Voraussetzungen, um im Rudersport erfolgreich zu sein. Kraft heißt vor allem Muskelmasse und die erhöht das Körpergewicht eines Athleten deutlich.

Doch die Anatomie eines Menschen ist sehr unterschiedlich und nicht alle Ruderer bringen diese Muskelmasse, verbunden mit entsprechender Körpergröße und den entsprechenden Hebelverhältnissen, mit. Um die körperlich leichter gebauten Athleten nicht von der Sportart auszuschließen und ihnen chancengleiche Wettkämpfe gegen andere ähnlich leichte Athleten zu ermöglichen, wurden in den 1950er-Jahren auf nationaler Ebene die Rennen der Leichtgewichte eingeführt. Dabei dürfen die Einzelgewichte der Athleten und das Durchschnittsgewicht einer Mannschaft festgelegte Grenzen nicht überschreiten.

Diese sind in den einzelnen Altersklassen unterschiedlich, wurden im Laufe der Jahre an die allgemeine körperliche Entwicklung der Menschen angepasst. Die folgende Abbildung gibt einen Überblick über die zugelassenen maximalen Gewichte:

Altersklasse	Einzelgewicht	Ø Team	Geltungsbereich
Mädchen 12 J.	45 kg	-	Nur DRV
Jungen 12 J.	45 kg	-	Nur DRV
Mädchen 13 J.	50 kg	-	Nur DRV
Jungen 13 J.	50 kg	-	Nur DRV
Mädchen 14 J.	52,5 kg	-	Nur DRV
Jungen 14 J.	55 kg	-	Nur DRV
Juniorinnen B	55 kg	52,5 kg	Nur DRV
Junioren B	65 kg	62,5 kg	Nur DRV
Juniorinnen A	57,5 kg	55 kg	Nur DRV
Junioren A	67,5 kg	65 kg	Nur DRV
Frauen	59 kg (nur Einer)	57 kg	DRV und FISA
Männer	72,5 kg (nur Einer)	70 kg	DRV und FISA

Abb. 7: Gewichtsgrenzen im Leichtgewichtsrudern

1970 führte die FISA diese Rennklassen dann auch international bei ihren Weltmeisterschaften ein. Die Gewichtslimits liegen hier zwischen 57 Kilogramm (Frauen) und 72,5 Kilogramm (Männer) für alle Altersklassen ab dem 19. Lebensjahr. Leichtgewichts-Rennen wurden bei den Olympischen Spielen zwischen 1996 in Atlanta und 2024 in Paris ausgetragen.

Gerade aufgrund der ausgeglichenen körperlichen Voraussetzungen kommt es in den Leichtgewichtsklassen oft zu sehr spannenden Rennverläufen mit knappen Abständen auf der Ziellinie. Dennoch werden diese Klassen auch kritisch gesehen, denn immer mal wieder kommt es bei der vor den Rennen obligatorischen Gewichtskontrolle zwei Stunden vor der festgelegten Startzeit zu der Situation, dass bei einem Team oder einem Einzelsportler ein paar hundert Gramm zu viel auf der Waage stehen.

Meist wird dann innerhalb der zugelassenen Gewichtsklasse eine Stunde lang durch extremes Schwitzen versucht, dieses zu verlieren, was aber zu einer Dehydrierung des Körpers und damit zu gesundheitlichen Gefährdungen führen kann. Gerade junge Aktive, bei denen die körperliche Entwicklung noch nicht abgeschlossen ist, laufen Gefahr, bei den gewichtsreduzierenden Maßnahmen zu übertreiben. Hier ist dann die Erfahrung und das Verantwortungsbewusstsein der Trainer gefordert, die gegebenenfalls auch mal auf einen Start ihres Teams verzichten müssen. Die Gesundheit ist wichtiger als der sportliche Ehrgeiz.

Doch gerade im internationalen Wettkampfsport achten die Aktiven schon im Training auf ihr Gewicht und die Erfahrung in vielen Jahrzehnten des Leichtgewichtsruderns als Leistungssport zeigt auch, dass die Fälle eines übertriebenen „Abkochens" zum Glück sehr selten sind. Ergänzend unterliegen alle Leichtgewichte den strengen Vorgaben der Dopingvorschriften, die die Einnahme von dehydrierenden Medikamenten verbieten und einen Verstoß dagegen sanktionieren.

Eine weitere Vorgabe, das Gewicht betreffend, gibt es noch bei den Steuerleute. Sie müssen in den Klassen der Frauen, Männer, Juniorinnen und Junioren mindestens 55 Kilogramm wiegen. Diese können bei Untergewicht durch ein Zusatzgewicht bis maximal 15 kg ausgeglichen werden. Diese Regel gilt sowohl national im DRV wie auch international in der FISA.

5.2 DIE REGATTABAHN IST DER SPORTPLATZ DER RUDERER

So schnell wie möglich vom Start zum Ziel zu rudern, das ist der Kern des Ruderns als Leistungssport. Grundlage dabei ist, dass für alle Teilnehmer an einem Rennen die Bedingungen auf allen Fahrbahnen gleich sind. Um dem nachzukommen, werden die Wettfahrten auf technisch präparierten Regattastrecken ausgefahren, die entweder künstlich angelegt sind oder innerhalb einer natürlichen Wasserfläche etwa auf einem See installiert werden.

Bekannte, künstlich angelegte Strecken in Deutschland sind die Olympia-Regattabahn in Oberschleißheim bei München, die Wedau-Regattastrecke in Duisburg und der Fühlinger See in Köln. Strecken auf natürlichen Gewässern sind u. a. in Essen auf dem Baldeneysee, in Hamburg auf der Dove-Elbe und in Brandenburg an der Havel auf dem Beetzsee.

All diese Strecken verfügen nicht nur über die erforderliche Fläche auf dem Wasser für nationale und internationale Meisterschaften, sondern auch über umfangreiche Gebäude und Infrastruktur an Land. Weitere Regattastrecken sind u. a. in Krefeld, Ratzeburg und Berlin, die ebenfalls über Fahrbahnen mit internationalem Maß verfügen. Die festgelegte Länge vom Start bis zum Ziel beträgt dabei 2.000 Meter, die Anzahl der Bahnen muss mindestens sechs betragen, auf denen ein Rennen ausgefahren werden kann. Neuere Regattastrecken haben meist acht Bahnen, um den Einfluss von seitlichen Winden ausgleichen zu können.

Für die Rennen genutzt werden immer maximal sechs Fahrbahnen, neben denen aber auch genügend Platz für die Fahrt zum Start sowie das Aufwärmen und Ausrudern verfügbar sein muss. Bei Meisterschaften, zu denen üblicherweise meist deutlich mehr als nur sechs Mannschaften melden, werden die Teilnehmer am Finale durch qualifizierende Vor- und Zwischenläufe ermittelt. Dabei gibt es für die unterschiedliche Anzahl von Meldungen jeweils ein festgelegtes System, wie viele Boote aus jedem Lauf weiterkommen, von denen am Ende sechs den Endlauf um Medaillen und Titel bestreiten.

Losfahren, schnell rudern und siegen - auf diese sehr verkürzte Form lässt sich ein Ruderrennen runterbrechen. Aber drum herum gibt es doch eine Menge an Regeln und Festlegungen, die von Wettkampfrichtern überwacht werden. Das geht los beim korrekten Ablauf der Startprozedur, im Rennen wird darauf geachtet, dass die Boote nicht kollidieren und im Ziel geht es nicht selten um Millimeter, die über Sieg und Niederlage entscheiden. Nicht umsonst umfasst das Regelwerk im Rudern einige hundert Seiten, auf denen alle Details genau beschrieben sind.

Für die weitere Betrachtung des Ruderns als Leistungssport auf den verschiedenen Ebenen reicht diese grobe Beschreibung von Training, Altersklassen, Regattaumfeld und Regeln aus. Schauen wir also auf die große Palette an Wettkampfformen im Leistungssport. Hier finden sich Herausforderungen für alle Altersklassen, auf die jeweils in den einzelnen Abschnitten eingegangen wird.

5.3 RUDERN BEI OLYMPISCHEN SPIELEN

Rudern gehört zu den Kernsportarten der Olympischen Spiele. Das mag daran liegen, dass der Begründer der modernen olympischen Idee, Baron Pierre de Coubertin, selbst ein begeisterter Ruderer war. Schon bei den ersten Spielen 1896 in Athen stand Rudern auf dem Programm, das aber durch die im Mittelmeer üblichen Frühjahrsstürme quasi verweht wurde. Man hatte nach antikem Vorbild den Hafen von Piräus als Austragungsort erkoren. Dort standen aber die durch heftige Winde aufgepeitschten Wellen so hoch, dass an Rudern und auch an Segeln nicht zu denken war. Kurzerhand nahmen die Wassersportler an anderen Wettbewerben auf dem Land teil, was damals noch ohne Probleme möglich war.

Vier Jahre später in Paris waren mit dem Einer, dem Zweier mit Steuermann, dem Vierer mit und ohne Stm. sowie dem Achter bereits fünf Bootsklassen ausgeschrieben, die dann auch tatsächlich ausgefahren wurden. Den Achter gewannen die USA, die damit eine Serie von Olympiasiegen im Flaggschiff des Ruderns begannen. Sie wurde bis 1960 nur einmal unterbrochen.

1924 erlebte die französische Hauptstadt ihre zweiten Olympischen Spiele, bei denen in Argenteuil vor den Toren von Paris gerudert wurde. Erstmal war die Strecke 2.000 Meter lang, was bis heute die olympische Distanz im Rudern geblieben ist.

Eine Ausnahme dabei gab es allerdings 1948 in London. Gerudert wurde hier im südwestlich der Hauptstadt gelegenen Henley, einem der Orte mit großer Rudertradition. Die Stadt ist bis heute Gastgeber einer königlichen Regatta. Die kann aber nur im K.-o.-Modus ausgetragen werden, da die Themse als Gewässer dort nicht mehr als zwei Boote nebeneinander zulässt. So war es auch bei den Olympischen Spielen 1948, dem einzigen Mal, dass Olympiasieger in Ruderduellen ermittelt wurden.

1960 begann die Ära der deutschen Achter. Die Spiele von Rom waren für die deutschen Ruderer mit drei Goldmedaillen in den sieben ausgetragenen Bootsklassen besonders erfolgreich. Gerudert wurde auf dem See in der Nähe von Castel Gandolfo, dem päpstlichen Sommersitz.

Erstmals und etwas unerwartet gelang dem von Karl Adam trainierten deutschen Achter der Sieg über den US-Achter. Der revanchierte sich 1964 in Tokio. Dort allerdings beeinflusste der Wind erneut die Rennen, die am Finaltag mehrfach verschoben wurden. Als es langsam dunkel wurde, startete man trotz unterschiedlicher Verhältnisse auf den sechs Bahnen. Im Licht von Autoscheinwerfern rund um den Zielraum holten die USA auf einer deutlich bevorzugten Bahn Gold vor dem deutschen Boot.

Doch vier Jahre später in der Höhenluft von Mexiko war es wiederum der von Adam in Ratzeburg vorbereitete Achter, der ganz oben auf dem

Treppchen stand und damit den Mythos „Deutschland-Achter" endgültig zementierte. Er ist nach wie vor das Aushängeschild des Ruderns in Deutschland, obwohl es eine Vielzahl von olympischen Medaillen auch in den anderen Bootsklassen gab.

1976 in Montreal erlebte der Rudersport eine große Veränderung bei Olympia. Bisher hatte man sieben Bootsklassen ausschließlich bei den Männern zugelassen. Nun kam mit dem Männer-Doppelvierer nicht nur eine Bootsgattung hinzu, sondern auch gleich sechs Klassen der Frauen. Insgesamt erhöhte sich damit die Anzahl der Ruderwettbewerbe bei Olympia auf 14, was bis heute so geblieben ist.

Geändert hat sich allerdings im Laufe der Jahre die Zusammenstellung der Rennklassen. Dabei spielte das Leichtgewichtsrudern eine Rolle, das Ende der 1980er-Jahre massiv auf die ihm bis dahin verwehrte Teilnahme an Olympischen Spielen pochte. 1996 war es dann so weit, bei den Männern wurde der Zweier m. Stm. und der Vierer m. Stm. gegen den leichten Doppelzweier und Vierer ohne Stm. der Leichtgewichte ausgetauscht. Bei den Frauen kam für den Vierer ohne Stf. der Doppelzweier der Leichten ins Programm.

Gleichzeitig wurde bei den Spielen von Atlanta 1996 erstmals eine Quote bei den Teilnehmerzahlen eingeführt. Rudern stellt weiterhin nach Leichtathletik und Schwimmen das drittgrößte Teilnehmerkontingent, das durch entsprechende Entwicklungsprogramme der FISA u. a. in Südamerika, Afrika und Asien stetig wuchs. Rudern war auf diesen Kontinenten bis dahin wenig vertreten, was die FISA zu einem eher kleinen Verband in der olympischen Familie machte. Trotzdem war das Teilnehmerkontingent, bedingt durch die Vierer und Achter, groß.

Mit der Einführung der Quote mit vorherigen Qualifikationsregatten auf allen Kontinenten wurde es 1996 erstmals auf insgesamt 550 Aktive in den 14 Klassen beschränkt. Ein großer Teil der Plätze wird durch die Platzierung bei den Weltmeisterschaften jeweils im vorolympischen Jahr vergeben. Um auch kleineren Rudernationen eine Chance auf die Olympiateilnahme zu eröffnen, wird rund ein Viertel der Quotenplätze außerhalb Europas bei kontinentalen Qualifikationsrennen und zusätzlich bei einer abschließenden zentralen, für alle Kontinente offenen Qualifikationsregatta in Europa ausgefahren.

Zu den Spielen 2020/21 von Tokio gab es weitere Änderungen. Das IOC wollte bei den Spielen jeweils die gleiche Anzahl von Startplätzen für Frauen und für Männer einrichten. Außerdem bestand die Absicht, unterschiedliche Gewichtsklassen nur noch in Sportarten mit direktem Körperkontakt zuzulassen. Deshalb wurde bei den Männern der Leichtgewichts-Vierer aus dem olympischen Programm gestrichen, stattdessen der offene Vierer-ohne für die Frauen eingeführt. Gleichzeitig wurde die Teilnehmerquote auf 526 in den 14 Bootsklassen gesenkt, wobei in jeder Klasse nur ein Boot pro Nation starten dufte und eine Nation insgesamt mit nicht mehr als 48 Athletinnen und Athleten vertreten sein darf.

Die vorerst letzten Änderungen gab es nach den Olympischen Spielen 2024 in Paris. Es waren die letzten, bei der die Leichtgewichts-Doppelzweier der Männer und Frauen um Medaillen kämpften. Die FISA beschloss, die beiden Bootsklassen aus dem Programm zu streichen und somit eine weitere Vorgabe des IOC zu erfüllen. Stattdessen sollen zwei neue Wettbewerbe im Küstenrudern (siehe S. 137, Pkt. 7.2) bei zukünftigen Olympischen Spielen ausgetragen werden. Vorgesehen sind Rennen im Beach Sprint, jeweils im Einer der Männer und Frauen, womit die Anzahl der olympischen Bootsklassen im Rudern bei 14 bleibt. Erstmalig sollen diese Rennen 2028 in Los Agelos ausgetragen werden, genaue Regeln und Quoten werden bis dahin noch von der FISA festgelegt.

Hier ein Überblick über die aktuellen Bootsgattungen bei den Olympischen Spielen:

Bootsklasse	Anzahl Boote	Anzahl Athleten
Einer	30	30
Zweier-ohne	13	26
Doppelzweier	13	26
Beach Sprint Einer	Noch nicht festgelegt	Noch nicht festgelegt
Vierer-ohne	10	40
Doppelvierer	10	40
Achter	7	63

Abb. 8: Aktuelle Bootsgattungen bei den Olympischen Spielen

Und noch ein kleiner Anhang: Seit 2010 gibt es die Olympischen Spiele der Jugend. Im Rudern werden dabei jeweils bei den Juniorinnen und Junioren der Einer und der Zweier-ohne ausgetragen. Bisher fanden die Spiele in Singapur (2010), Nanjing (CHN, 2014) und Buenos Aires (ARG, 2018) statt.

5.4 RUDERN BEI DEN PARALYMPISCHEN SPIELEN

Es gehört heute zur Selbstverständlichkeit, dass auch Menschen mit Behinderung Sport treiben und sich dabei hohe Ziele im Wettkampf stecken. Im Rudern ist das nicht anders und das hat eine über 100-jährige Geschichte.

Anfang des 20. Jahrhunderts fanden sich sehbehinderte Schüler des britischen Worcester Colleges zusammen, um unter Anleitung ihres nicht behinderten Trainers gemeinsam im Ruderboot zu trainieren. Schnell nahmen sie das Gefühl für das Boot und den Rhythmus des Ruderschlags durch die funktionierenden Sinne auf. Bald traute man sich, erste

Rennen gegen nicht behinderte Teams zu bestreiten. Erste Erfolge stellten sich u. a. bei der königlichen Regatta in Henley ein.

Bald wurde der Kreis der blinden Aktiven im Ruderboot größer, nicht zuletzt durch die Veteranen der beiden Weltkriege. Auch in Deutschland fanden viele Sehgeschädigte den Weg in die Rudervereine. Durch das Sitzen im Boot, den gleichmäßigen Bewegungsablauf und die Hilfe der sehenden Bootskameraden eignet sich Rudern besonders für die blinden Sportler. Auch als Schulsport etablierte sich das Rudern an den entsprechenden Einrichtungen für Blinde und ist bis heute im sportlichen Angebot an einigen Orten mit Schuleinrichtungen für sehbehinderte Menschen enthalten.

Große Fortschritte machte das Rudern für Behinderte in den 1970er- und 1980er-Jahren in den USA, als man durch Umbauten der verfügbaren Boote auch körperlich behinderten Sportlern das Rudern ermöglichte. Durch den Einbau eines festen Sitzes sowie Schwimmkörpern unter den Auslegern eines Einers konnten nun auch Querschnittsgelähmte durch den Einsatz ihres Oberkörpers und der Arme den Rudersport ausüben. Bald waren diese Bootstechniken und die Erfahrungen der US-Ruderer auch in Europa und Australien verfügbar, eine internationale Szene mit Rennen für behinderte Sportler fand immer mehr Zulauf.

Die FISA bildete 2001 erstmals eine eigene Kommission für das damals **Adaptive Rowing** genannte Rudern. Schon ein Jahr später standen erstmals Rennen der Behinderten im Programm der Weltmeisterschaften. Der damalige Name leitete sich aus dem Umbau der Boote ab, die für die Bedürfnisse der Behinderten „adaptiert" wurden. Parallel hatte sich die paralympische Bewegung zu einem weltumspannenden Netzwerk ausgebaut und die Austragung von Paralympischen Spielen nach den jeweiligen Olympischen Spielen wurde für die gastgebenden Olympiastädte obligatorisch.

Die FISA knüpfte intensive Kontakte zum Internationalen Paralympischen Komitee (IPC) und nach vielen Jahren der Vorbereitungen stand

2008 bei den Spielen von Peking dann Rudern erstmals mit vier Wettbewerben für die verschiedenen Klassen der Behinderungen im Programm. Inzwischen hat sich auch die Bezeichnung in **Para-Rudern** geändert. Voraussetzung für einen Start in einem der vier Para-Rennen bei den Spielen ist die Klassifizierung der Athleten, die in drei Bereiche eingeteilt ist:

PR1: Hier sind vor allem querschnittsgelähmte Aktive am Start. Um die unterschiedlichen Grade der Lähmung bei den Sportlern auszugleichen, werden diese auf einem festen Sitz im Boot mit einem Gurt auf Brusthöhe fixiert. Die Ruderbewegung wird somit von allen gleich nur durch die Arme und Schultern ohne Unterstützung des Oberkörpers ausgeführt. Bei den Paralympischen Spielen gibt es je eine Rennklasse für die Frauen-Einer und die Männer-Einer.

PR2: Hier werden die Sportler mit den Beinen im Boot fixiert, sodass also neben Armen und Schultern auch der Oberkörper bewegt werden kann. Paralympisch ist hier der Mixed-Zweier mit einer Frau und einem Mann an Bord.

PR3: In dieser Klasse kann der ganze Körper eingesetzt werden, unabhängig von der Art oder dem Grad der Behinderung. Ausgefahren wird das Rennen der PR3-Aktiven im Riemen-Vierer mit St. Dabei ist vorgegeben, dass maximal zwei Aktive wegen Sehschädigungen im Boot sein dürfen, also mit vollem Körpereinsatz rudern können. Die beiden anderen Sportler müssen durch entsprechende Behinderung körperlich eingeschränkt sein. Vorgegeben ist auch, dass je zwei Frauen und Männer als Aktive im Boot sitzen müssen.

Diese vier Rennen in den drei unterschiedlichen Klassen der Behinderung bilden das Ruderprogramm bei den Paralympischen Spielen. Bisher wurde zwischen 2008 und 2016 bei den Spielen in Peking, London und Rio jeweils nur auf 1.000 Metern gerudert. Seit 2017 beträgt die Renndistanz im paralympischen Rudern wie in den offenen Klassen 2.000 Meter.

5.5 RUDERN BEI WELTMEISTERSCHAFTEN

Rudern bei Weltmeisterschaften, das ist eine ganz eigene Geschichte. Um 1830 bezeichneten ja bereits die Watermen einige Rennen als Weltmeisterschaften, weil wohl Gäste aus Übersee daran teilnahmen. Damals war das gesellschaftliche Weltbild halt doch noch weit von dem entfernt, was heutige Generationen darunter verstehen. Auch wenn sich in der ersten Hälfte des 20. Jahrhunderts immer mehr Sportarten mit ihren Weltmeisterschaften schmückten, dauerte es im Rudern noch rund 130 Jahre nach den Rennen in England, bis es tatsächlich 1962 zur ersten offiziellen Weltmeisterschaft im Rudern kam.

Der Hauptgrund dafür war die weltweite Entwicklung des Rudersports, der ja durch die Anschaffung von Booten und Verfügbarkeit nicht überall so einfach zu etablieren war. Es waren vor allem die Länder in Europa, die das Geschehen im internationalen Verband FISA prägten, denn auf dem alten Kontinent breitete sich das Netzwerk von Rudervereinen und Regatten doch recht schnell und intensiv aus.

In Südamerika, Asien und Afrika spielte dagegen Rudern so gut wie keine Rolle. Ausgehend von Großbritannien, hatte sich die Sportart überwiegend in Nordamerika, Australien und Neuseeland entwickelt, was allerdings für diese Länder jeweils großen Aufwand für die Anreise zu internationalen Wettbewerben gegen die starken Nationen aus Europa bedeutete. Die trugen alljährlich ihre internationalen Wettkämpfe aus, die konsequenterweise „Europameisterschaften" genannt wurden.

Angetrieben nicht zuletzt durch die olympische Idee, drängten nach und nach die Überseenationen auf die Teilnahme an diesen Titelkämpfen, was ihnen dann auch eröffnet wurde.

Die Bezeichnung **Europameisterschaften** blieb allerdings zunächst bestehen. Erst 1962 wurde in Luzern auf dem im Rudersport legendären Rotsee die erste offizielle WM ausgetragen. Es folgten noch zwei weitere WMs jeweils in der Mitte der vier Jahre dauernden Olympiaden (1966 und 1970), die neben den weiterhin bis 1973 ausgetragenen Europameisterschaften veranstaltet wurden. Ab 1974 beschloss dann die FISA, jeweils in den drei nicht olympischen Jahren Welttitelkämpfe mit allen Bootsklassen der Männer und Frauen zu veranstalten. In den Olympiajahren gibt es in den Seniorenklassen jeweils die WM der nicht olympischen Bootsklassen.

Dieses Grundprinzip hat bis heute Bestand, auch wenn sich die Zusammenstellung des Rennprogramms mit den verschiedenen Bootsklassen im Laufe der Jahre immer mal wieder änderte. Aktuell gibt es 20 Bootsklassen, die bei Weltmeisterschaften ausgetragen werden. Dazu gehören die je sieben olympischen mit 1x, 2-, 2x, L2x, 4-, 4x und 8+ bei den Männern und Frauen sowie zusätzlich die je drei der Leichtgewichte mit L1x, L2- und L4x der Frauen und Männer.

In den Klassen der Para-Ruderer werden die Medaillen in den vier paralympischen Klassen vergeben, dazu in den Klassen PR2W1x, PR2M1x, PR3Mix2x, PR3W2- und PR3M2-.

Jeweils in den vorolympischen Jahren zählen die WM-Ergebnisse als erste Qualifikation für die Olympischen bzw. Paralympischen Spiele. Je nach Größe der Bootsklasse erhalten die ersten 5-11 platzierten Nationen in den Finalrennen der WM die Startberechtigung für das nächste Jahr. Hier können sie dann mit gegenüber der WM geänderten Teams antreten. Weitere Quotenplätze werden in den Monaten bis zu den Spielen ausgefahren. Die hier erfolgreichen und somit nachqualifizierten Mannschaften müssen bei Olympia in der Qualifikationsbesetzung starten, soweit nicht gesundheitliche Gründe dagegensprechen.

Aber auch hier gilt der Grundsatz, dass jeweils nur die Hälfte einer Bootsbesetzung ausgetauscht werden darf. Sind also in einem Achter mehr als vier Aktive aus gesundheitlichen Gründen nicht mehr in der Lage, ein Rennen zu bestreiten, kann die Mannschaft nicht mehr antreten, einerlei, ob es um einen Vor-, Zwischen- oder Endlauf geht. Diese Regel gilt sowohl für die WM wie auch für die olympischen Rennen.

Wird ein Teammitglied ausgetauscht, muss auch der Ersatz die Kriterien der Rennklasse in den Punkten Gewicht bzw. Behinderungsklasse erfüllen. Wird ein ausgetauschtes Mitglied einer Mannschaft im Verlauf der Regatta wieder gesund, kann es ins Team wieder zurückkehren. Diese gesamten Vorgänge werden von der medizinischen Kommission der FISA jeweils bewertet und gemäß den Regeln überwacht.

5.5.1 WM in den Nachwuchsklassen

„Weltmeister", das ist ein Titel, mit dem sich Sportler gerne schmücken. In den Nachwuchsklassen mussten die Aktiven im Rudern allerdings lange darauf warten. Seit 1967 gab es zwar internationale FISA-Meisterschaften für die U19-Klasse, aber erst 1985 bei den Rennen auf dem Beetzsee in Brandenburg an der Havel (damals DDR) ging es auch für die Junioren und Juniorinnen um WM-Medaillen.

Eine besondere Bedeutung kommt der U19-WM seit 2003 zu, denn seitdem wird sie jeweils im vorolympischen Jahr auf der Regattastrecke ausgefahren, auf der es ein Jahr später um Olympiaehren gehen wird. Aktuell sind je sieben Bootsklassen weiblich und männlich ausgeschrieben: 1x, 2x, 2-, 4x, 4-, 4+ und 8+. Leichtgewichtsrennen gibt es vor allem aus gesundheitlichen Gründen international nicht.

Noch länger mussten die U23-Aktiven auf den WM-Titel ihrer Meisterschaften warten. Auch hier gab es schon seit 1976 internationale Rennen, die allerdings zunächst als „Match des Seniors" und ab 1992 als „Nations-Cup" ausgetragen wurden. 2003 wurde daraus die „U23-Welt-Regatta", aus der dann 2005 erstmals die U23-WM wurde. Aktuell werden 22 Rennklassen ausgefahren, je 11 bei den Frauen und Männern, je vier davon sind Leichtgewichtsrennen.

Hier eine Übersicht über alle WM-Klassen:

Männer offene Klasse (M)	1x	2x	2-		4x	4-		8+	
Frauen offene Klasse (W)	1x	2x	2-		4x	4-		8+	
Männer Leichtgew. (LM)	1x	2x	2-		4x				
Frauen Leichtgew. (LW)	1x	2x	2-		4x				
Para-Rudern	PR1 M1x	PR1 W1x	PR2 M1x	PR2 W1x	PR2 Mix 2-	PR3 M2-	PR 3 W2-	PR3 Mix 2x	PR3 Mix 4+
U23 Männer (BM)	1x	2x	2-		4x	4-	4+	8+	
U23 Frauen (BW)	1x	2x	2-		4x	4-	4+	8+	
U23 Lgw.-Männer (LBM)	1x	2x	2-		4x				
U23 Lgw.-Frauen (LBW)	1x	2x	2-		4x				
U19 Männer (JM)	1x	2x	2-		4x	4-	4+	8+	
U19 Frauen (JW)	1x	2x	2-		4x	4-	4+	8+	

Abb. 9: Übersicht über die WM-Klassen

Eine eigene internationale Sportorganisation (FISU) haben weltweit die Universitäten und Hochschulen. Sie veranstaltet alle vier Jahre die **Universiade** und alle zwei Jahre eine WM, an der Studierende und Mitarbeiter der Hochschulen teilnehmen können.

Paralympische Rennen gibt es in den Nachwuchsklassen bisher nicht. Aber wenn man die Entwicklungen der Rennprogramme und die Zusammenstellung der Bootsklassen im Laufe der Jahrzehnte betrachtet, werden auch zukünftig weitere Änderungen nicht auszuschließen sein.

Und am Ende noch ein kleiner Schwenk vom Nachwuchs zu den Masters. Für sie gibt es ebenfalls ein großes internationales Rennangebot, dessen Höhepunkt in einer von der FISA veranstalteten, großen Regatta mit mehreren tausend Teilnehmern besteht.

Sie trägt den Namen „FISA World Masters Regatta" und wird gerne auch als Masters-WM bezeichnet. Das ist dann aber doch ein wenig überzogen, denn bei dieser Regatta gibt es kein Qualifikationssystem mit Vor-, Zwischen- und Endläufen. Stattdessen werden die Teilnehmerfelder der entsprechenden Männer- und Frauenklassen in einzelne Rennen aufgeteilt und dann separat gefahren. Für alle Sieger dieser Läufe gibt es eine Medaille. Die Gewinner werden aber in ihren Vereinen und lokalen Medien gerne als Masters-Weltmeister gefeiert. Streng genommen nicht korrekt, aber wie sagt der großzügige Rheinländer: „Man muss auch jönne könne!"

5.6 RUDERN AUF INTERNATIONALEN REGATTEN

Die Teilnahme an Olympischen Spielen und Weltmeisterschaften ist natürlich die Krone für jeden ambitionierten Sportler. Doch nur wenigen ist es vergönnt, diese Ziele zu erreichen. Talent, Trainingsfleiß und Durchhaltevermögen sind die Basis dafür. Im Mannschaftssport Rudern muss dazu aber auch die Zusammenstellung des Teams und die Harmonie in der Rudertechnik passen. Nicht umsonst absolvieren die Spitzenteams eine zweistellige Anzahl von Trainingseinheiten pro Woche, um sich fit zu machen für die großen Zielwettkämpfe.

Der Weg dahin führt meist über die internationalen Regatten, bei denen sich die Aktiven mit der Konkurrenz aus anderen Nationen messen und aus deren Ergebnissen die zuständigen Trainer die Erkenntnisse für die optimale Teambildung ziehen können. Hier trennt sich somit die Spreu vom Weizen, mancher muss schon früh im Laufe einer Rudersaison das große Ziel WM oder Olympia zumindest für das aktuelle Jahr aufgeben.

Vor allem in der zweiten Hälfte des 20. Jahrhunderts stand eine Reihe von großen Regatten mit internationalem Teilnehmerfeld im Kalender der FISA. Der Schwerpunkt lag aus den bereits geschilderten Gründen in Europa, wo nicht zuletzt die internationalen Regatten in Duisburg, Essen, Mannheim und Ratzeburg regelmäßige Treffpunkte für die Ruderelite der Nationen waren.

Bis zur Wende 1990 war es vor allem die Olympia-Regattastrecke von 1936 im Ost-Berliner Stadtteil Grünau sowie die Bahn in Moskau, auf denen sich die starken osteuropäischen Nationen trafen. In den 1950er- und 1960er-Jahren strömten viele Zuschauer zu den Rennen, was natürlich auch an den Erfolgen der deutschen Ruderer in West und Ost lag. Sie sammelten Medaillen bei Olympia und Weltmeisterschaften und lieferten sich für die Zuschauer attraktive Rennen mit oft knappem Ausgang.

Mit dem Zuwachs an Sportarten und Angeboten im Fernsehen für die Sportfans in den 1970er- und 1980er-Jahren nahm das Interesse am Rudern deutlich ab. Die Tribünen auch bei den internationalen Wettfahrten blieben weitestgehend leer. Gleichzeitig stieg bei den Aktiven und in den Sportverbänden das Interesse an der Vermarktung ihrer Sportarten. Dazu waren entsprechend große Wettbewerbe mit Preisgeldern oder zumindest mit prestigeträchtigen Pokalen nötig.

Die Welt-Cups wurden im Sport eingeführt. Auch im Rudern folgte man dieser Bewegung, zunächst aber sehr eingeschränkt nur in den Einern der Männer und Frauen. Zwischen 1990 und 1995 waren es zwischen drei und sechs Regatten jährlich, die sich mit dem Titel „Welt-Cup" schmücken konnten. In diesen Rennen konnten die Teilnehmer Punkte sammeln, die letzte Regatta der Serie war immer die große Rotseeregatta im schweizerischen Luzern. Hier bekennen dann die punktbesten Männer und Frauen den Weltpokal überreicht.

So richtig zielführend war diese Form des Welt-Cups im Rudern allerdings nicht. Die Zuschauerzahlen an der Regattabahn blieben überschaubar, das Interesse der Medien eher gering. Ab 1997 formte dann die FISA ihren Welt-Cup völlig um. Basis dafür war nicht zuletzt die Lockerung der bis dahin sehr begrenzten Möglichkeiten für Werbung an den Regattastrecken, den Booten und der Athletenbekleidung.

Hier öffnete sich der Weltverband, fand dann auch für einige Jahre Sponsoren zur Unterstützung der Organisation an den jeweils drei Austragungsorten. Um den sportlichen Wert der Regatten zu erhöhen, wurde in allen olympischen Bootsklassen um Welt-Cup-Punkte gerudert und die jeweils punktbesten Teams wurden am Ende ausgezeichnet. Alle Punkte flossen dann in eine Nationenwertung ein, hier konnte dann der jeweils beste Verband am Ende einen großen Pokal in Empfang nehmen. Diese Form der Austragung des Welt-Cups hat im Rudern auch heute noch Bestand.

Bis auf wenige Ausnahmen in früheren Jahren liegen alle Austragungsorte in Europa und wenn nicht gerade eine WM oder EM auf dem Rotsee in Luzern stattfindet, sieht dieses durch seine besonders fairen Bedingungen für die Sportler bekannte Gewässer immer das Cup-Finale. Trotz der Konzentration der Regattastrecken auf Europa trägt die Serie den Namen „Welt-Cup" zu Recht, denn wie schon früher bei den Europameisterschaften kommen auch die Überseenationen zumindest für eine oder zwei Regatten hinzu. Die Teams aus Neuseeland und Australien weilen oft auch für mehrere Monate in Europa.

Während auf der südlichen Halbkugel der Winter das Rudern auf dem Wasser eher ungemütlich macht, können sie in Europa weiter trainieren und an den Rennen teilnehmen. Nicht zuletzt dadurch haben sich diese beiden Nationen neben Großbritannien und Deutschland in die Liste der Gesamt-Welt-Cup-Sieger eintragen können.

So, wie die Bedeutung des Welt-Cups zunahm, gerieten die „normalen", international ausgeschriebenen Regatten der Seniorenklasse in den Hintergrund. Einige sind aber bis heute im Regattakalender zu finden. Insbesondere zu Beginn einer neuen Saison Ende April/Anfang Mai werden sie von den neu formierten oder auch schon bewährten Teams genutzt, um die Form zu testen. Geblieben sind einige Traditionsveranstaltungen, die aus dem Rudersport nicht wegzudenken sind und die aufgrund ihrer Bedeutung auch das Besondere für die Athleten ausmachen. Darauf kommen wir im übernächsten Kapitel zurück.

5.6.1 Kontinentale Meisterschaften

Mag der Welt-Cup in seiner Form bei einigen Protagonisten kritisch gesehen werden, für die weltweite Entwicklung des Ruderns hatte er in seinen Anfangsjahren eine wichtige Bedeutung. Durch die zeitweise vorhandenen Sponsoren und vor allem durch die Verwertung der Rechte an den Fernsehübertragungen konnte die FISA finanzielle Mittel generieren, von denen ein guter Teil in die Entwicklungsprogramme des Weltverbandes geflossen ist.

Hatte der in den 1980er-Jahren noch knapp 90 Nationen als Mitglieder unter seinem Dach, so sind es mittlerweile fast 160 Länder, in denen regelmäßig Training und Wettkämpfe stattfinden. Das führte auch dazu, dass sich in Afrika, Asien und Südamerika inzwischen neben den jeweiligen Olympiaqualifikationen auch kontinentale Meisterschaften etabliert haben. Sportlich schlägt sich das nieder in den Ergebnissen bei den großen Zielwettkämpfen, wo es einige Teams aus den sogenannten *Entwicklungsländern* im Laufe der letzte Jahre bis in die A-Finalläufe geschafft haben. Auch die eine oder andere Medaille konnten sie bereits gewinnen.

Hochburg bleibt aber weiterhin Europa, wo bereits 1893 auf dem italienischen Ortasee die ersten Europa-Titelrennen stattfanden. Erstmals wurden 1955 Rennen für die Frauen-Klassen ausgetragen und bis 1973 war die EM der internationale Spitzenwettkampf im Rudern. Danach, wie bereits beschrieben, nahmen die Weltmeisterschaften diesen Platz ein.

Doch nach den politischen Veränderungen in Osteuropa und dem Ende der staatlich geförderten Sportsysteme in diesen Ländern drängten vor allem diese Nationen auf die Wiedereinführung der EM. Hintergrund war dabei, dass in den ehemaligen Ostblockstaaten die finanzielle Förderung von Erfolgen und Titeln bei internationalen Meisterschaften abhängig gemacht wird. 2007 gab es deshalb das Neuaufleben der EM, die seitdem in den olympischen Bootsklassen alljährlich ausgefahren und von vielen europäischen Verbänden als Vorbereitung für die danach anstehende WM genutzt wird.

Wie bereits auf Weltebene ausgeführt, folgten die Nachwuchs-Europameisterschaften, zunächst 2011 für die U19-Jahrgänge, seit 2006 dann auch für die U23-Klassen.

Olympia, Para-Spiele, Welt- und Europameisterschaften – es gibt eine Fülle von Regatten und Bootsklassen, in denen man internationale Medaillen und Titel gewinnen kann. Das ändert aber nichts daran, dass für jeden dieser Erfolge im Rudern hart gearbeitet und trainiert werden muss.

5.7 RUDERN AUF NATIONALEN REGATTEN

Blicken wir vom internationalen auf das nationale Regattageschehen. In den einzelnen Nationen gibt es jährlich einen Regattakalender, in dem jeweils eine Vielzahl von Wettfahrten angeboten wird. In Deutschland standen für das Jahr 2020 insgesamt 113 Termine auf dieser Liste, von denen aber wegen der Corona-Beschränkungen leider die meisten ausfallen mussten. Dennoch zeigt schon die große Anzahl an Regatten, dass für jede Alters- und Leistungsklasse etwas dabei ist.

Über kurze Distanzen als Sprintrennen, wie auch über die international festgelegten Normalstrecken sowie über unterschiedliche Langstrecken ist alles im Angebot zu finden. Und auch die Ergometermennen sind dabei, sodass sich für alle 12 Monate des Jahres mindestens eine Möglichkeit für einen Ruderwettkampf ergibt. Sie alle hier einzeln vorzustellen, sprengt den Rahmen dieses Buchs, deshalb schauen wir auf die wichtigsten, die alljährlich im gleichen Format stattfinden. Dazu gehören vor allem die Testregatten sowie die Meisterschaften, die im Rahmen des Deutschen Ruderverbandes ausgefahren werden.

Für die Kandidaten zur Senioren- und U23-Nationalmannschaft gibt es verschiedene Testrennen über die Langstrecke von 6.000 Metern unter anderem in Leipzig und Dortmund. Wer in den Kader für die internationalen Aufgaben möchte, der muss sich hier der Konkurrenz stellen. Die ersten Entscheidungen für den weiteren Verlauf der Saison fallen bei den deutschen Kleinbootmeisterschaften, die Mitte April über die 2.000 Meter ausgefahren werden. Hier starten die einzelnen Aktiven bei den Frauen und Männern in den offenen und den Leichtgewichtsklassen im Einer als Skuller oder im Zweier-ohne als Riemenruderer. Nach einem festgelegten System aus Vor- und Zwischenläufen qualifizieren sich die Boote für die Finalrennen. In denen rudern die besten sechs Boote dann jeweils im A-Finale und kämpfen dabei um die Meistertitel im Kleinbootbereich.

Wenn nicht durch gesundheitliche Probleme verhindert, fahren hier die besten Ruderer Deutschlands gegeneinander und somit auf einem national hohen Niveau. Aus den Ergebnissen der Kleinbootmeisterschaften setzen die jeweils für die Bootsklassen verantwortlichen Bundestrainer die Mannschaften für die dann folgenden internationalen Aufgaben im Rudersport zusammen.

Neben den Kleinboot- gibt es natürlich auch die Großbootmeisterschaften, die allerdings mehr durch die Vereine und die zweite Reihe der ambitionierten Leistungssportler geprägt sind.

Wie für die Senioren, gibt es auch Spitzenwettkämpfe für die Nachwuchsathleten der U17-, U19- und U23-Klassen. Für die Junioren gibt es zwei große Testregatten auf hohem Niveau jeweils Anfang Mai in München und Anfang Juni in Hamburg. Diese beiden Veranstaltungen zählen zu den größten Regatten in Deutschland, bei denen oft auch Mannschaften aus anderen Nationen am Start sind.

Für die U23-Aktiven hat sich inzwischen ein Schwerpunkt bei der Regatta in Ratzeburg Anfang Juni herauskristallisiert, ebenfalls mit internationalem Charakter. Für alle drei Altersbereiche sind diese Wettkämpfe die Vorbereitung auf die nationalen Jahrgangsmeisterschaften Ende Juni, wo innerhalb von vier Tagen in allen drei Klassen die deutschen Meister ermittelt werden. Aus den Ergebnissen werden dann die U19- und die U23-Nationalmannschaft gebildet, die sich dann in den folgenden Trainingslagern jeweils auf ihre Weltmeisterschaften vorbereiten.

Wie in den Seniorenklassen werden auch bei den A-Junioren bereits im Laufe der Saison Renngemeinschaften mit Athleten aus mehreren Vereinen gebildet, die dann auch bei den nationalen Meisterschaften in dieser Formation an den Start gehen. Damit ist das Leistungsniveau bei diesen Regatten schon relativ hoch angesiedelt.

Auch für die Jüngsten im Alter zwischen 12 und 14 Jahren gibt es einen nationalen Zielwettkampf, der aber ganz bewusst nicht „Meisterschaft" genannt wird, um die leistungssportlichen Aspekte nicht zu hoch zu bewerten. Unter der Bezeichnung „Bundeswettbewerb" nehmen gemischte Mannschaften aus den Bundesländern teil, die nicht nur ein normales Ruderrennen bestreiten, sondern auch einen Slalomparcours auf dem Wasser mit ihren Booten durchfahren müssen. Dazu sind an Land einige weitere Aufgaben zu absolvieren. Dabei geht es um sportliche Geschicklichkeit, Allgemeinwissen und den Teamgeist, mit dem die Aufgaben zu lösen sind. Am Ende wird nach einem Punktesystem das beste Bundesland geehrt.

Und natürlich fahren auch die Aktiven am anderen Ende der Altersskala, also die Masters, alljährlich auf einem Championat ihre Besten aus, was meist zu einem größeren Fest der Ruderfreunde aus dem ganzen Land wird. Ehrgeiz und fairer Wettkampf stehen auf dem Wasser im Mittelpunkt, an Land aber hilft man sich und weiß auch gut miteinander zu feiern.

Zum Ende einer Saison Mitte Oktober steht noch eine besondere Meisterschaft auf dem Programm, die deutschen Sprintmeisterschaften. Liegen die normalen Streckenlängen zwischen 1.000 Meter für die Kinder und 2.000 Meter für die A-Junioren und die Senioren, geht es bei den Sprints nur über etwa 350-400 Meter. Dieses Angebot richtet sich vor allem an die Vereine, die dann gerne mal ihre Topathleten aus den Nationalmannschaften in diese Teams integrieren. Für die Zuschauer ist das durchaus spektakulär, denn die kurze Strecke ermöglicht über den gesamten Verlauf hohe Schlagzahlen und verleiht den Rennen damit eine gewisse Dramatik und knappe Zieleinläufe.

Bewährt hat sich das bei der seit 2009 bestehenden Ruder-Bundesliga, die dem Rudersport vor allem auf den Wasserflächen in größeren Städten zu neuer Popularität verhalf. An mehreren Standorten und verschiedenen Renntagen werden die Rennen durch Vereinsachter ausgefahren, die sich zu Beginn einer Saison über ein Lizensierungsverfahren zur Teilnahme melden. Hier geht es aber nicht über die obligatorischen sechs Bahnen, sondern die Mannschaften bei den Männern und Frauen fahren zunächst jeweils zu zweit gegen die Uhr. Aus der sich daraus ergebenden Zeittabelle werden dann die weiteren Rennen im K.-o.-System zusammengestellt. Für alle Teams gibt es am Ende eines jeden Renntags entsprechend ihrer Platzierung Punkte, am Ende der Rennserie werden die Bundesligasieger des Jahres geehrt.

Und damit es im Winter nicht zu langweilig wird, veranstaltet der DRV eine Serie von Ergometerwettkämpfen, an deren Ende ebenfalls deutsche Meister geehrt werden.

Das ist nur ein kleines Spektrum der nationalen Ruderveranstaltungen, die der DRV als Veranstalter durch seine Vereine als Ausrichter in jedem Jahr anbietet. Daneben fahren auch die einzelnen Bundesländer noch ihre Meister aus, wobei auch hier die Vereine als Teams startberechtigt sind. Der Leistungssport Rudern folgt damit nicht dem klassischen, vereinsbezogenen Ligasystem anderer Sportarten, sondern bietet seinen Aktiven ganz eigene Möglichkeiten, je nach Können und Ambitionen, sich sportlich zu entwickeln.

Der typische Verlauf einer Ruderkarriere beginnt meist in den Kinder- und Jugendrennen auf kleineren regionalen Regatten. Stellen sich da erste Erfolge ein, geht es auf die großen Testregatten und zu den nationalen Meisterschaften. Schafft man von dort aus den Sprung in die internationalen Auswahlteams der Junioren, kommen die Besten in die Bundeskader, aus denen die Seniorenmannschaften für die großen WMs und Olympia gebildet werden.

Der Weg, das ist schon erwähnt, ist nicht selten weit und erfordert von den Athleten ein großes Maß an Leistung und Disziplin. Gekrönt werden kann eine solche Karriere dann durch eine der insgesamt 144 Medaillen, die bei den Olympischen Spielen, verteilt auf die 14 Bootsklassen, vergeben werden.

Mehr zu den nationalen Regatten und dem Regelwerk findet sich auch auf der Webseite des DRV unter **www.rudern.de**.

5.8 BESONDERE REGATTEN

Rudern als Leistungssport kennt also sehr viele Facetten, bei denen meist die Qualifikation für die nationalen und dann internationalen Meisterschaften im Vordergrund steht. Aber das ist längst noch nicht alles, was der Rudersport für seine Aktiven zu bieten hat. Auf fast allen Kontinenten gibt es viele traditionelle Regatten mit großen Teilnehmerzahlen. Hier geht es vordergründig nicht um große Titel und Medaillen, sondern vor allem um prestigeträchtige Wanderpreise und die Ehre. Alle diese Regatten sind auch hier nicht einzeln vorzustellen, doch ein paar auch bei Ruderlaien bekannte Wettfahrten sollen hier genannt sein.

Bleiben wir dabei zunächst in Deutschland. Hier fand zum ersten Mal 2001 das große Achterrennen auf dem Nord-Ostsee-Kanal statt. Obwohl diese eigentlich enge Wasserstraße zu den meistbefahrenen Seeschifffahrtsrouten der Welt gehört, gelingt es den Organisatoren gemeinsam mit der Kanalverwaltung alljährlich, eine 12,8 Kilometer lange Strecke mit Ziel in Rendsburg so von den großen Fracht- und Personenschiffen freizuhalten, dass dort vier internationale Achter ein Langstreckenrennen ausfahren können.

Meist liegt der Termin kurz nach den Weltmeisterschaften oder Olympischen Spielen und einige der Medaillengewinner dieser Wettkämpfe sind dann auch in Rendsburg dabei. Obligatorisch ist der Start des jeweiligen Deutschland-Achters und meist auch der USA. Im Laufe der Jahre waren weitere Topteams u. a. aus Großbritannien, den Niederlanden, Polen und der Schweiz dabei. Mehr als 100.000 Zuschauer erleben rund um das Rennen ein großes Volksfest mit vielen Attraktionen, Livemusik und natürlich als Höhepunkt das große Rennen, das auch vom Fernsehen übertragen wird.

Diese Veranstaltung ist ein gutes Beispiel dafür, wie aus einer ursprünglich auf einem Bierdeckel manifestierten, fast verrückten Idee - Ruderer und Ozeanriesen auf einem Gewässer -, ein großer Erfolg für den Rudersport geworden ist.

Um Achter geht es auch bei dem wohl bekanntesten und ältesten Ruderwettkampf zwischen zwei Teams. Wir haben es schon in diesem Buch erwähnt, das alljährliche Boat-Race zwischen den Universitäten aus Oxford und Cambridge. Hier kommen rund 250.000 Zuschauer an den 6.800 Meter langen Kurs zwischen den Londoner Stadtteilen Putney und Mortlake, feiern in den am Themseufer gelegenen Pubs große Ruderpartys und feuern natürlich ihren Favoriten lautstark an. Wer das ist, wird mit Ansteckern gezeigt, hellblau für Cambridge und dunkelblau für Oxford. Deshalb werden die Topteams der beiden Universitäten die **Blue-Boates** genannt.

Auf dem gleichen Kurs, aber in entgegengesetzter Richtung, wird auch die wohl größte Achterregatta der Welt ausgetragen, das **Head of the River Race**, bei dem alljährlich bis zu 420 Vereinsachter gegen die Uhr antreten.

Eine dritte hier genannte Regatta ist die **Royal Henley Regatta**, die erstmals 1839 veranstaltet wurde und seitdem mit wenigen Ausnahmen alljährlich die Ruderer in ihren Bann zieht. Für England ist sie auch deshalb bedeutend, weil sie neben dem Tennisturnier in Wimbledon und dem Pferderennen in Ascot als dritter Sportevent den Titel „Königlich" in Anspruch nehmen darf.

Das Besondere an diesem Wettkampf ist, dass nur zwei Startbahnen mit einer Länge von 2.250 Metern zur Verfügung stehen und deshalb die Rennen im K.-o.-Modus ausgetragen werden. Auch wenn die Teilnehmerfelder inzwischen in den einzelnen Bootsklassen begrenzt wurden, geht die Regatta über insgesamt fünf Tage. Für die Sieger der Finalläufe gibt es am Ende große Wanderpokale mit legendärer Bedeutung, die meist von Mitgliedern der Königsfamilie überreicht werden.

Während der Regatta herrscht im rund 50 Kilometer südwestlich von London gelegenen Städtchen Henley der Ausnahmezustand mit Tausenden von Zuschauern, die entlang dem Themseufer picknicken oder in den exklusiven Loungen die Rennen verfolgen.

Für die Zuschauer gilt übrigens eine strenge Kleiderordnung und für die Tickets muss man sich meist auf eine lange Bewerberliste setzen lassen. Es ist halt eine große englische Tradition, die hier rund um das Rudern gepflegt wird. Das drückt sich auch darin aus, dass man erst seit wenigen Jahren die Rennen über einen Live-Stream im Internet verfolgen kann.

Trotzdem zieht Henley die Ruderfans in jedem Jahr Anfang Juli magisch an und auch viele Athleten, die ein paar Wochen später ganz oben auf dem Treppchen bei Weltmeisterschaften stehen, versuchen zumindest ab und an, die Royal Henley Regatta in ihren Jahreskalender einzubauen. Auch, wenn hier die Rennen so ganz anders ausgefahren werden, als sonst üblich.

Nicht ganz so bedeutend wie Henley ist eine andere Trophäe, die aber jeder Topskuller im Einer möglichst einmal im Leben gewinnen möchte. Es handelt sich um den **Holland Beker**, der ebenfalls mit langer Tradition inzwischen auf der Bosbaan in Amsterdam alljährlich im Modus der Welt-Cup-Rennen auf sechs Bahnen ausgefahren wird. Auch hier findet man viele Weltmeister oder Olympiamedaillengewinner in den Siegerlisten der vergangenen Jahre.

Der **Rotsee** in Luzern und seine alljährlichen Regatten sind schon an anderer Stelle in diesem Buch erwähnt. Viele Ruderenthusiasten nennen den in einem unmittelbar an die Stadt Luzern grenzenden Naturschutzgebiet gelegenen See das „Mekka" des Rudersports. Es liegt inmitten einiger Berghänge, die vor allem seitliche Winde abhalten und so meist für sehr faire Bedingungen auf allen sechs Bahnen sorgen.

Gerade etwas mehr als 2.000 Meter lang bietet der Rotsee damit ideale Bedingungen für die jeweils Mitte Juli stattfindenden letzten Welt-Cup-Rennen einer Saison, nach denen die Nationen oft dann endgültig ihre Teams für die folgende WM nominieren. Darüber hinaus war die Strecke schon oft Austragungsort für Europa- und Weltmeisterschaften. Nicht zuletzt bewahrt die Rotsee-Regatta ihre herausragende Stellung im Sport auch durch die gesellschaftliche Bedeutung für die sonst eher vom Winter geprägte schweizerische Sportwelt.

Blicken wir zum Abschluss nach Übersee, zunächst in die USA. Hier wird der Leistungssport wesentlich durch die Universitäten geprägt, nicht anders auch im Rudern. Der Höhepunkt einer jeden Rudersaison bildet für die Teams die **Head of the Charles Regatta**. Der drei Meilen lange Kurs liegt mitten in Boston, ist sehr kurvig und wird an einigen Stellen von engen Brückendurchfahrten geprägt.

Gefahren wird in allen Bootsklassen vom Einer bis zum Achter gegen die Uhr. Um die Boote möglichst auf die gesamte Strecke zu verteilen und an den Engstellen Kollisionen zu vermeiden, wird mit Zeitabständen gestartet. Dennoch sehen die vielen tausend Zuschauer an den beiden Regattatagen viele enge Zweikämpfe gerade an den Brücken, an denen auch schon mal im Eifer des Gefechts so manches Ruderblatt zu Bruch ging. Aber zu größeren Schäden bei den Teilnehmern kam es nie, dafür sorgen auch die Streckenposten mit ihren Anweisungen entlang des Kurses.

In jedem Fall ist Boston ein großes Ruderspektakel, bei dem sich nicht selten auch die Topskuller der Welt-Ruderszene in einem Achter zusammentun, um dann mal ihre Sportart aus einem ganz anderen Blickwinkel zu erleben.

Eine der größten Regatten, gemessen an der Teilnehmerzahl, findet man alljährlich in Neuseeland. Hier nimmt nach dem Nationalsport Rugby das Rudern den zweiten Rang im Sportinteresse der Kiwis, wie sich die Neuseeländer selbst nennen, ein. Vor allem im Schulsport schlägt sich das nieder und so kommen alljährlich aus dem ganzen Land gut 2.000 Schüler aus rund 140 Oberschulen des Landes zusammen, um ihre Meister zu ermitteln. Für die erfolgreichsten Aktiven ist das dann nicht selten das Sprungbrett für die Berufung in spätere Auswahlmannschaften ihres sportbegeisterten Landes.

Die Liste der hier aufgeführten Regatten ist sicher nicht repräsentativ für den gesamten Rudersport. Man könnte noch viele andere hinzufügen. Aber sie zeigt auch die Vielseitigkeit, die Rudern als Leistungssport bietet. Man muss nicht unbedingt eine WM oder Olympische Spiele anstreben, um in der Sportart Rudern selbstgesteckte Ziele zu erreichen und dabei auch eine ganze Menge erleben zu können.

5.9 ORGANISATION UND ABLAUF EINER REGATTA

Es gibt also viele verschiedene Formen von Ruderwettkämpfen, da sind der Fantasie der Organisatoren wenig Grenzen gesetzt. Entsprechend gestalten sich auch die notwendigen Arbeiten für die Vorbereitung und Durchführung einer Veranstaltung sowie der Ablauf der Rennen immer abhängig von der Art des Wettkampfs.

Eine Langstreckenregatta auf einem Fluss stellt ganz andere Anforderungen an die Organisatoren als eine Meisterschaftsregatta auf einer begrenzten Bahn mit allen Vor-, Zwischen- und Hoffnungsläufen. Die letztere Form ist durch die Medien in der Öffentlichkeit am besten bekannt, deshalb wollen wir auch exemplarisch den Ablauf eines solchen Events beschreiben und einzelne Meilensteine und Komponenten erklären.

Die Regatten über die normalen Strecken - 2.000 Meter im internationalen Bereich - machen auch den größten Teil der angebotenen Wettfahrten in den nationalen und internationalen Veranstaltungskalendern aus. Auch wenn vor allem die großen Regatten der Weltmeisterschaften und Olympischen Spiele im Blickpunkt der Medien stehen, funktioniert eine regionale Regatta für die unteren Leistungsklassen nach einem ähnlichen Schema.

5.9.1 Die Veranstalter und Ausrichter

Der Hauptantrieb für die Bildung von Ruderverbänden war die Schaffung einheitlicher Regeln, damit die Aktiven auf den verschiedenen Regatten unter den jeweils gleichen sportlichen Bedingungen antreten können. Für Deutschland ist der Deutscher Ruderverband (DRV) zuständig, für den internationalen Bereich die FISA mit ihren jeweiligen kontinentalen Gruppierungen.

Dem DRV gehören fast alle der seit 1836 gegründeten Vereine und Regattaverbände an, der FISA inzwischen 155 nationale Verbände auf allen Kontinenten. Sowohl der DRV wie auch die FISA haben im Laufe ihres jeweiligen Bestehens für ihre Gültigkeitsbereiche ein umfassendes Regelwerk ausgearbeitet, in dem alle Aspekte der jeweiligen Verbandsstrukturen, der Organisation von Regatten sowie Bestimmungen u. a. für die Anti-Doping-Aktivitäten enthalten sind.

Ein wesentlicher Faktor dabei ist, dass die sportlichen Regeln für die Teilnahme an und den Ablauf von Rennen in beiden Regelwerken weitestgehend gleich sind. Um hier die Einheitlichkeit bei der Anwendung der Regeln auf den einzelnen Veranstaltungen festzulegen und zu dokumentieren, treten die Dachverbände DRV oder FISA als Veranstalter auf. Sie sorgen für die kontinuierliche Erstellung, Fortschreibung und Aktualisierung ihrer Regelwerke, für die Ausbildung von Wettkampfrichtern, Organisatoren und Trainern, in deren Verantwortung die Anwendung der Regeln liegt, und für die Darstellung des Rudersports in der Öffentlichkeit u. a. durch die Zusammenarbeit mit überregionalen Medien und Partnern.

Die Mitgliedsvereine im DRV treten als Ausrichter der Regatten in Deutschland auf. Sie sorgen für die örtliche Organisation, stellen einen Mitarbeiterstab für die Abwicklung der verschiedenen Aufgaben und sorgen in Zusammenarbeit mit dem Verband für die sportlichen Grundlagen der Regatta.

Entsprechend sind im internationalen Bereich die Mitgliedsnationen der FISA die Ausrichter der vom Weltverband zu vergebenden Wettbewerbe. Hat ein deutscher Regattaveranstalter Interesse an der Ausrichtung eines Welt-Cups, einer Europa- oder Weltmeisterschaft, richtet er eine entsprechende Bewerbung über den DRV an die FISA, die dann in ihren Gremien über die Vergabe an einen der sich bewerbenden Ausrichter entscheidet. Entsprechend gehen ausländische Ausrichter über ihren jeweilig zuständigen nationalen Dachverband vor.

5.9.2 Die Ausschreibung

Welches Regelwerk nun für eine Regatta gilt, legt ein deutscher Ausrichter zusammen mit dem DRV in der Ausschreibung der Regatta fest. Sind nur Aktive und Mannschaften aus deutschen Vereinen zugelassen, ist dort festgelegt, dass die Regatta nach den Bestimmungen des DRV-Regelwerks als nationale Regatta ausgefahren wird. Ist auch der Start von ausländischen Teilnehmern zugelassen oder handelt es sich um eine der bereits genannten internationalen Wertungs- oder Meisterschaftsregatten, gilt die Veranstaltung als internationale Regatta gemäß dem Regelwerk der FISA.

Kleine Ausnahmen gibt es noch auf nationalen Regatten, wenn etwa durch eine internationale Partnerschaft zu einem ausländischen Verein dieser an einer deutschen Regatta teilnehmen möchte. Das ist dann zugelassen, die Regatta wird dann aber weiterhin als nationale Wettfahrt unter den nationalen Regeln ausgefahren.

Mit der Ausschreibung legt der Ausrichter auch die weiteren Rahmenbedingungen für die Regatta fest. Das sind u. a. der Austragungsort mit Angabe zur Anzahl der verfügbaren Fahrbahnen, der Zeitrahmen, in dem die einzelnen Rennen stattfinden sollen sowie Angaben zur vorhandenen Infrastruktur auf dem Regattaplatz, damit die teilnehmenden Teams ihren Aufenthalt am Regattaort planen können.

Festgelegt wird in der Ausschreibung auch, wie zu den einzelnen Rennen Meldungen abgegeben werden können, bis wann diese beim Ausrichter eintreffen müssen, wer für die Organisation als Adressat der Meldungen oder der Buchung von Übernachtungsmöglichkeiten zuständig ist und welche weiteren örtlichen Besonderheiten von den Teilnehmern zu beachten sind.

Wichtigster Bestandteil der Ausschreibung ist die Angabe, welche Rennen in welcher Reihenfolge stattfinden sollen. Bei nationalen Regatten kann das eine umfängliche Mischung aus Rennen für alle Alters- und

Leistungsklassen sein, die bei der Regatta an den Start gehen können. Dabei achten die Ausrichter darauf, dass die Rennfolge gegebenenfalls mehrere Starts für die Aktiven in verschiedenen Bootsklassen zulässt.

Zu beachten sind dabei auch Bestimmungen für Kinder und Jugendliche, zwischen deren Rennen ein zeitlicher Mindestabstand zum gesundheitlichen Schutz berücksichtigt werden muss. Eine solche „Komposition" des Rennangebots kann da schon zu einer größeren Tüftelei werden. Langjährige Ausrichter haben einige Erfahrungen und kennen im Laufe der Zeit die Wünsche ihrer „Stammkunden", die immer ihre Meldungen abgeben.

Festgelegt ist das Rennprogramm bei nationalen und internationalen Meisterschaften. Da sind die Bootsgattungen und die Reihenfolge, in der diese an den Start gehen, festgelegt und alle Ausrichter dieser Regatten müssen sich daran orientieren.

Sind alle Details vom Ausrichter zusammen mit dem zuständigen Dachverband geklärt, wird die Ausschreibung veröffentlicht. In früheren Jahren erfolgte dies im Bereich des DRV durch ein im Frühjahr erscheinendes Sonderheft der Verbandszeitschrift. Die gibt es auch heute noch, aber im Zeitalter des Internets ist für die Abwicklung der Regattaorganisationen auf der Webseite des DRV ein Verwaltungsportal eingerichtet, aus dem alle interessierten Vereine die Informationen entnehmen und so ihren individuellen Jahresplan für ihre Aktiven zusammenstellen können.

5.9.3 Die Meldungen

Möchte ein Verein an einer im Verwaltungsportal enthaltenen Regatta teilnehmen, muss dazu eine entsprechende Meldung abgegeben werden. Die enthält neben einigen organisatorischen Informationen zwingend die Namen aller Teilnehmer, deren Vereinszugehörigkeit im Falle von Renngemeinschaften, die Zuordnung, in welchen Rennen und Bootsgattungen diese starten wollen und dazu eine Identifikationsnummer für jeden Aktiven.

Dies ist eine vom Verband einmal für jeden Leistungssportler individuell auf Antrag ihres Vereins vergebene Lizenz, in der u. a. der Name, Alter und Geschlecht sowie Angaben für Gesundheitsprüfungen bei Kindern und Jugendlichen enthalten sind.

Vom Ausrichter wird für die Abgabe der Meldung ein spätester Termin etwa 10 Tage vor der Regatta liegend festgelegt. Alle bis dahin eingegangenen Meldungen einschließlich etwaiger zwischenzeitlicher Änderungen durch die Vereine sind mit dem Erreichen des Meldeschlusses verbindlich. Das gilt insbesondere für die Erhebung des mit der Meldung verbundenen Meldegeldes, aus der ein Ausrichter seine Veranstaltung mitfinanziert.

Kann ein Verein aus welchen Gründen auch immer eine abgegebene Meldung nicht erfüllen, also zum jeweiligen Rennen nicht antreten, muss er trotzdem das Meldegeld entrichten. Eine Ausnahme gibt es nur, wenn nur ein Verein zu einem Rennen gemeldet hat und sich kein weiterer Gegner findet. In dem Fall fällt das Rennen aus und ein Meldegeld wird dafür nicht erhoben. Alternativ kann der einzelne Verein dann gegebenenfalls an einem anderen Rennen teilnehmen, wenn er dafür mit seinen Aktiven die Alters- und Leistungsbedingungen erfüllt.

Ein Ausrichter kann auch Nachmeldungen nach Ablauf der Meldefrist unter festgelegten Bedingungen zulassen, wenn dadurch keine gravierenden Änderungen etwa im Zeitplan und Ablauf der Rennen verursacht werden. Stehen auf einer Regattaanlage z. B. sechs Fahrbahnen zur Verfügung und es haben weniger Boote für ein Rennen gemeldet, kann ein weiteres Team per Nachmeldung an diesem Rennen teilnehmen. Sind die Rennfelder komplett gefüllt und im Zeitplan keine Reserven für eine Erweiterung verfügbar, können Nachmeldungen abgelehnt werden.

Nun kann es vorkommen, dass im Laufe der rund 10 Tage zwischen Meldeschluss und Rennen oder auch während einer mehrtägigen Regatta ein Mannschaftsmitglied erkrankt oder aus anderen Gründen nicht mehr am Rennen teilnehmen kann. Hier gibt es für alle Formen von Regatten eine Regelung, dass maximal die Hälfte einer Bootsbesatzung ausgetauscht werden kann. Im Regelwerk wird das als *Ummeldung* bezeichnet.

Im Zweier kann also ein Athlet, im Vierer zwei und im Achter können bis zu vier Athleten ausgewechselt werden. Im Verlauf einer Meisterschaftsregatta darf das aber nur erfolgen, wenn durch den offiziellen Regattaarzt die Erkrankung eines oder mehrerer Athleten bestätigt wird. Sollte ein Erkrankter im weiteren Verlauf wieder genesen, kann er in die Mannschaft zurückkehren.

Sollte ein Einerfahrer erkranken und nicht mehr an den Rennen teilnehmen können, muss er offiziell abgemeldet werden und kann im Verlaufe einer Regatta oder Meisterschaft nicht mehr am Wettbewerb teilnehmen.

5.9.4 Der Zeitplan

Nach dem Meldeschluss erstellt der Ausrichter das Meldeergebnis und veröffentlicht dieses auf dem Verwaltungsportal. Neben organisatorischen Informationen ist ein wesentlicher Bestandteil darin der verbindlich festgelegte Zeitplan für die gesamte Regatta. Damit sind für alle Rennen die Startzeiten festgelegt, die während einer Regatta auch nur noch in besonderen unvorhersehbaren Ausnahmefällen etwa durch Witterungseinflüsse geändert werden können.

Bei Regatten ohne Meisterschafts- oder Qualifikationsregatten werden im Zeitplan beim Meldeschluss auch die Zusammenstellungen aller Teilnehmer eines Rennens festgelegt. Eine Ausnahme bilden die offiziellen Prüfungsregatten im Bereich des Deutschen Ruderverbandes, der gegebenenfalls die Rennfelder aufgrund erbrachter Vorleistungen zusammenstellen kann. Somit ist in diesen Rennen ein direkter Leistungsvergleich von Aktiven, die sich um Plätze in den Nationalmannschaften des Verbandes bewerben, möglich.

Bei internationalen Meisterschaften erfolgt am Vortag des Beginns der Rennen eine Startverlosung für die Vorläufe zusammen mit den jeweiligen Teamleitern der Nationen. Diese haben bei diesen Meetings noch die Möglichkeit, vor dem ersten Rennen ein Team z. B. aus Krankheitsgründen von der Teilnahme zurückzuziehen.

In beiden Fällen regelt die Anzahl der für einen Wettbewerb gemeldeten Teams die Menge der auszufahrenden Rennen. Auf einer Regattastrecke stehen im Normalfall maximal sechs Fahrbahnen zur Verfügung. Haben für eine Rennklasse mehr als sechs Mannschaften gemeldet, muss eine Aufteilung auf mehrere Läufe erfolgen. Bei normalen Regatten ohne qualifizierenden Charakter gilt dann jedes dieser Rennen als eigener Wettkampf, an dessen Ende auch die Sieger geehrt werden. Das gilt sowohl für nationale wie auch für internationale Regatten.

Wird die Regatta mit Finalläufen oder als Meisterschaft ausgefahren, werden alle Teams auf verschiedene Vorläufe verteilt und können sich nach einem festgelegten System für das Finale der besten sechs Teams qualifizieren. Bei Meisterschaften gilt, dass jedes Team eine zweite Chance hat, wenn es sich nicht direkt durch einen erfolgreichen Vorlauf für die nächste Runde qualifiziert hat. Diese zweite Chance besteht aus einer Runde von Hoffnungsläufen, deren vordere Platzierungen dann auch für das Erreichen der Viertel- oder Halbfinals sowie den Endlauf berechtigen.

Der Zeitplan für beide Regattatypen kann in jedem Fall bereits beim Meldeschluss festgelegt werden. Wie sich die teilnehmenden Teams dann auf die Rennen verteilen, wird entweder dann schon festgelegt oder ergibt sich aus den Ergebnissen im Verlauf der Regatta. Klingt alles für den Laien vielleicht kompliziert, ist aber für erfahrene Regattaorganisatoren anhand der im Regelwerk festgelegten Tabellen eine geübte Praxis.

Mit der Veröffentlichung können die Vereine bzw. Nationen ihre Anreise zur Regatta, den Aufenthalt vor Ort und die täglichen Abläufe für die Vorbereitung auf die Rennen planen.

5.9.5 Der Regattaplatz

Was ein Ausrichter an Rahmenprogramm, Verpflegung und Service auf dem Regattaplatz anbietet, ist ganz unterschiedlich. Da hat jeder so seine Besonderheiten und infrastrukturellen Möglichkeiten, die nicht zuletzt von der verfügbaren Fläche eines Regattaplatzes abhängig sind. Vorhanden sein muss in jedem Fall genügend Platz für die Lagerung der Boote, Stege, über die man die Boote auf das Wasser setzen und auch wieder herausholen kann und natürlich genügend sanitäre Anlagen für alle Besucher inklusive Umkleiden und Duschen für die Teilnehmer.

Und natürlich geht es auch nicht ohne eine für die ausgeschriebenen Rennen geeignete Wasserfläche mit den notwendigen Installationen. Dazu gehört ein Startbereich mit Möglichkeiten für die Boote, am Start festgehalten zu werden, um sie mit ihren Bugbällen auf eine Linie zu bringen. Auf der anderen Seite der Regattabahn ist dann die Ziellinie zu markieren, die parallel zur Startlinie angelegt sein muss, damit alle Boote dieselbe Distanz zurücklegen. Das sind die Grundvoraussetzungen, um ein Rennen durchzuführen.

Auf den großen Regattabahnen, die für nationale und internationale Meisterschaften genutzt werden, ist ein System für die Markierung der Fahrbahnen vorgeschrieben. Dazu sind meist vom Start zum Ziel mehrere lange Drahtseile gespannt, an denen im Abstand von 10 Metern kleine, farbige Bojen befestigt sind, die, ähnlich wie die Leine im Schwimmbad, die einzelnen Fahrbahnen für die Boote markieren. Genannt wird diese Markierung „Albano-System", da es erstmals bei den Olympischen Spielen von 1960 auf dem Albaner See eingesetzt wurde.

Entlang der Strecke sowie am Start und Ziel sind noch viele weitere mechanische oder elektrische Systeme u. a. für die Zeitmessung installiert, auf die aber an dieser Stelle nicht weiter eingegangen wird. Sie sind für die Experten wichtige Hilfsmittel für den regelkonformen Ablauf eines Rennens, treten aber für den interessierten Betrachter einer Ruderregatta eher wenig in Erscheinung.

5.9.6 Der Start des Rennens

Konzentrieren wir uns also an dieser Stelle auf den typischen Ablauf eines Ruderrennens. Die daran teilnehmenden Mannschaften legen etwa 30-45 Minuten vor der im Zeitplan festgelegten Startzeit vom Lagerplatz ab und nutzen die Zeit bis zum Start für letzte Einstellungen am Boot und natürlich zum Aufwärmen. Spätestens fünf Minuten vor der Startzeit kommen alle Teilnehmer für ein Rennen in den Startbereich. Dort befindet sich auf einem Turm an Land oder einem Ponton ein Starter, der ein lizensierter Wettkampfrichter sein muss.

Er ruft das Rennen über eine installierte Lautsprecheranlage auf, weist dabei den Booten ihre Fahrbahn zu und kontrolliert, ob alle Mannschaften am Start erschienen sind und ordnungsgemäß an der Startanlage festgemacht haben. Die besteht entweder aus kleinen Kähnen, die mit Ankern festgemacht sind, oder bei modernen Regattabahnen mit Meisterschaftsformat aus einer fest installierten Brücke, von der aus für jede Bahn ein mittig installierter Finger ausgeht.

Diese Finger können je nach Länge der Boote zwischen Einer und Achter bewegt werden, sodass immer die für das Ziel entscheidenden Bugbälle auf derselben Linie liegen und alle Bootsgattungen exakt über die Strecke von 2.000 Meter fahren. Wären diese Finger fest installiert, würde der Einer etwa 10 Meter mehr rudern als ein Achterteam.

Auf den Kähnen oder an der Spitze der Finger liegen Regattahelfer, die die Boote unmittelbar vor dem Start am Heck festhalten. Sie stehen mit einem weiteren lizensierten Wettkampfrichter an der Seite der Regattabahn in Sprechverbindung. Dieser Offizielle ist der Seitenrichter, der genau über Zuhilfenahme von Peilgeräten kontrolliert, ob alle Bugbälle des Rennfeldes auf einer Höhe liegen. Ist das nicht der Fall, kann er über die Sprechanlage den Starthelfern die Anweisung geben, ein Boot weiter nach vorne zu schieben oder zurückzuziehen, um die Chancengleichheit für alle Teams herzustellen.

Seit einigen Jahren schreibt die FISA für den Startbereich bei Weltmeisterschaften und Olympischen Spielen eine mit Druckluft betriebene Startanlage vor. Durch sie werden vor den Booten Kunststoffwinkel, die „Startschuhe", aus dem Wasser gehoben. In diese werden Bootsspitzen mit den Bugbällen von den Starthelfern mit sanftem Druck hineingeschoben. Durch die installierte Mechanik liegen alle Schuhe auf einer Linie, was den Starthelfern und dem Seitenrichter die Arbeit deutlich erleichtert. Auch hier erfolgt aber immer eine optische letzte Kontrolle und gegebenenfalls Korrekturen durch den Offiziellen an der Seite.

Sind alle Boote ausgerichtet, also mit ihren Bugbällen auf einer Linie, gibt der Seitenrichter mit einer weißen Flagge oder einem weißen Lichtsignal den Start frei.

Etwa zwei Minuten vor der Startzeit gibt der Starter mit der Ansage: „Zwei Minuten!", den Teilnehmern zu erkennen, dass innerhalb der folgenden zwei Minuten der Start erfolgt. Die Aktiven haben dann die Möglichkeit, eventuelle Trainingskleidung abzulegen oder ihr Boot noch einmal zu kontrollieren und genau mit der Spitze in Richtung Ziel auszurichten. Als Beginn des offiziellen Startkommandos etwa 30 Sekunden vor der festgelegten Startzeit ruft der Starter durch Nennung des Mannschaftsnamens oder bei internationalen Wettbewerben der Nation letztmalig die Startbereitschaft ab. Bis dahin kann eine Mannschaft, die noch nicht fertig ist, dies dem Starter durch Heben eines Arms signalisieren.

Hat der Starter mit dem Abruf der Teams begonnen, gibt es kein Zurück mehr. Nach Nennung des letzten Teams, maximal sechs, kommt vom Starter die Ansage: „Achtung!" Bei modernen Regattaanlagen ist für den Start eine Ampelanlage installiert. Unmittelbar nach dem „Achtung" stellt der Starter die Ampel mit einem Knopfdruck auf Rot. Ist keine Ampelanlage vorhanden, hebt er eine große, für alle Teilnehmer gut sichtbare rote Flagge. Nach einer variablen Pause von 1-2 Sekunden erfolgt der Start. Entweder stellt der Starter dazu die Ampel mit einem kurzen Knopfdruck auf Grün, wobei gleichzeitig ein akustisches Startsignal zu hören ist. Oder der Starter spricht über die Lautsprecheranlage das Wort: „Los!", und senkt dabei schnell die rote Flagge nach unten.

Dies ist das offizielle Startkommando, bei dem alle Boote das Rennen aufnehmen können. Im selben Moment richtet der Seitenrichter seine volle Konzentration auf die Startlinie und beobachtet den Startvorgang. Fährt ein Boot vor dem Startkommando los, signalisiert er dies sofort dem Starter mit einem roten Signal. Der Starter muss dann sofort das Rennen abbrechen durch ein optisches und akustisches Signal. Was er schließlich einsetzt, hängt von der Installation der Regattabahn ab. Ist eine Ampelanlage vorhanden, drückt der Starter den Knopf „Fehlstart", meist beginnt dann das rote Licht der Ampel mit einem Blinken und ein dem Blinktakt folgender Lautsprecherton ist zu hören. Gibt es keine Ampelanlage, schwenkt der Starter seine rote Flagge über dem Kopf und läutet dabei eine Glocke. Zusätzlich kann er auch die Boote über die Lautsprecheranlage ansprechen.

Auch in dieser Phase unterstützt eine Startanlage mit Schuhen die Wahrnehmung eines Fehlstarts. Die Schuhe sind jeweils mit einem Drucksensor ausgerüstet. Der wird mit dem elektronisch ausgelösten Startsignal sofort abgeschaltet. Fährt ein Boot aber in der Zeit zwischen dem roten Licht und dem Startsignal in den Schuh hinein und erhöht damit den Druck auf den Sensor, löst dieser sofort ein Fehlstartsignal an den Starter aus.

Zusätzlich verfügt der Seitenrichter an seiner Position über einen Monitor, auf dem das Bild der Startlinie mit den Bugspitzen im Moment des Startsignals eingefroren wird. So kann er direkt erkennen, ob eine oder mehrere Bugspitzen im Augenblick des Starts über die Startlinie hinausragen und somit den oder die Verursacher des Fehlstarts erkennen. Darüber informiert er den Starter, der ruft die Boote sofort an die Startanlage zurück und spricht eine Verwarnung gegenüber den Fehlstartverursachern aus.

Sollte dasselbe Team einen zweiten Fehlstart verursachen, wird es von der Teilnahme an dem Rennen ausgeschlossen und kann sich bei einer

Meisterschaft auch nicht mehr für weitere Läufe dieser Bootsgattung qualifizieren.

Liegen alle Boote nach dem Rückruf wieder ruderfertig an der Startanlage, wiederholt sich das gesamte Startprozedere mit dem Aufruf: „Zwei Minuten!"

5.9.7 Auf der Strecke

Ist der Start korrekt erfolgt, nehmen die Mannschaften das Rennen mit 3-4 kurzen Schlägen auf, um das Boot aus dem Stand anzuschieben. Denen folgt meist eine Reihe von harten Schlägen in hoher Frequenz, damit die möglichst optimale Geschwindigkeit erreicht werden kann. Wie lange diese Phase dauert und wann eine Mannschaft dann in einen etwas ruhigeren Streckenschlag übergeht, ist eine Frage der Taktik.

Manche suchen ihr Heil in der Flucht und versuchen, sich am Anfang vom Feld mit den Gegnern abzusetzen. Andere lassen es etwas ruhiger angehen, um auf dem zweiten Teil der Rennstrecke und in einem vielleicht langen Endspurt noch genügend Körner zu haben. Da hat jeder Trainer seine eigenen Vorstellungen und wird im Training mit seinen Athleten genau analysieren, wo die Stärken liegen und in welchem Abschnitt eines Rennens mögliche Schwächen durch eine entsprechende Taktik kompensiert werden sollten.

Viele Teams legen auch zur Streckenmitte einen Zwischenspurt ein, der aber für den Beobachter nicht unbedingt direkt zu erkennen ist. Denn anstatt die Schlagzahl zu erhöhen, was offensichtlich wäre, kann man beim Durchzug mehr Kraft einbringen, was zu einem Druckspurt über vielleicht 10 Schläge führt. Lange Jahre war das eine Spezialität des Deutschlandachters. Trotz der wechselnden Besetzungen gelang es den Trainern, das Team auf einen solchen Druckspurt auf der Streckenmitte nach 1.000 Metern einzustellen, um sich so einen Vorsprung zu erarbeiten. Mit diesem Vorsprung kann ein Schlagmann im Zusammenspiel mit dem Steuermann die hinter seinem Team fahrenden Boote beobachten und gegebenenfalls auf deren Spurts und Bemühungen, den Abstand zu verkleinern, reagieren.

Üblich ist in nahezu allen Rennen der Endspurt, den alle Mannschaften fahren. Dann wird neben der Kraft am Innenhebel auch die Schlagfrequenz erhöht und die Aktiven bringen sich an die Grenzen ihrer körperlichen Belastbarkeit. Man spricht dann gerne davon, dass die Mannschaft nur noch durch einen Tunnel fährt und vom Rest der Welt nichts mehr mitbekommt. Klingt dramatisch, erleben aber gerade bei den großen Regatten um Titel und Medaillen viele Aktive.

Grundlage dafür ist natürlich ein jahrelanges Training, die Fähigkeit, aus seinem Körper trotz schmerzender Muskulatur und konditioneller Erschöpfung auch die letzten Reserven noch herauszuholen und natürlich auch die Gesundheit, die den Körper meist nach wenigen Minuten sich so weit erholen lässt, dass keine medizinischen Schäden im Laufe der Karriere entstehen. Das alles macht eine gute Trainingsarbeit als Vorbereitung auf die Rennen aus.

Begleitet wird ein Rennen von einem oder auch mehreren Schiedsrichtern. Bisher war es üblich, dass ein Schiedsrichter in einem Motorboot hinter dem Rennen herfuhr und etwa von der Mitte der Regattastrecke aus darauf achtete, dass es nicht zu Kollisionen oder anderen Zwischenfällen kommt. Mittlerweile wird international dazu übergegangen, mehrere Schiedsrichter entlang der Strecke am Rand zu postieren, die von dort einen Bereich von etwa 250 Metern beobachten. Damit soll der Wellenschlag der Motorboote weitestgehend vermieden werden, um den Aktiven möglichst optimale Verhältnisse auf der gesamten Bahn zu gewährleisten.

Fährt nämlich ein einzelnes Motorboot mit dem Schiedsrichter nach einem absolvierten Rennen in der Mitte der Bahn mit zügiger Geschwindigkeit zurück in den Startbereich, damit rechtzeitig das nächste Rennen begleitet werden kann, zieht dieses Boot meist deutliche Wellen hinter sich her. Die können durch die Uferanlage der Bahn oder durch Windeinfluss dann länger auf dem Wasser stehen und dann im ungünstigen Fall das nächstfolgende Rennen beeinflussen und unfaire Verhältnisse auf den Bahnen herstellen.

Es spielt keine Rolle, welches System nun für die Schiedsrichter eingesetzt wird, sie tragen dafür Sorge, dass es im Rennen nicht zu Behinderungen durch das Versteuern eines Boots kommt, die belangreich für den Ausgang des Wettkampfs sind. Eine solche Situation kann immer mal wieder vorkommen, gerade in den Riemen-Bootsgattungen ohne Steuermann sorgen die unterschiedlichen Kräfte der Aktiven im Boot für ein Verlassen der idealen Mitte der Fahrbahn. In diesem Fall greift der Schiedsrichter ein, spricht die quer fahrende Mannschaft über ein Megafon an und dirigiert sie mit einer weißen Flagge zurück auf den richtigen Kurs.

Gelingt das nicht oder liegt ein Bootsschaden vor, durch den die Mannschaft das Boot nicht mehr steuern kann, hat der Schiedsrichter die Möglichkeit, durch Schwenken einer roten Flagge und Läuten einer Glocke wie beim Fehlstart das Rennen abzubrechen. Ist das der Fall, muss der Schiedsrichter entscheiden, ob eine Behinderung belangreich für den Rennausgang und die Einhaltung der Fairness war.

Hat eine Mannschaft in dieser Weise gegen die Regeln verstoßen, muss sie vom Rennen ausgeschlossen werden, auch wenn die Behinderung nicht schuldhaft z. B. durch einen Bootsschaden ausgelöst wurde. Grundsätzlich gilt immer, dass ein solcher Schaden zulasten der betroffenen Mannschaft geht, die dann das Rennen nicht weiterfahren oder an einer Wiederholung nicht teilnahmen darf.

Grundsätzlich obliegt es der Entscheidung des amtierenden Schiedsrichters, ob er ein Rennen abbricht. Passiert eine Behinderung kurz vor dem Ziel und liegen andere unbeteiligte Mannschaften schon so deutlich vor dem Feld, dass ihnen der Sieg, ein Medaillengewinn oder eine Qualifikation für die nächste Runde des Wettbewerbs nicht mehr zu nehmen ist, kann der Schiedsrichter das Rennen auch weiterlaufen lassen und gegebenenfalls nach dem Rennen über einen Ausschluss einer Mannschaft entscheiden.

Es ist immer bei Entscheidungen darauf zu achten, dass keiner Mannschaft während des Rennens oder durch eine nachträgliche Entscheidung die Chance auf einen Sieg oder eine qualifizierende Platzierung genommen wird. Liegt also eine Mannschaft im Rennen deutlich gegenüber der Konkurrenz zurück, kann sie nicht durch einen mutwilligen Regelverstoß die Wiederholung eines Rennens erzwingen.

Wurde ein Rennen abgebrochen, entscheidet der Schiedsrichter, dass eine Wiederholung des Rennens stattfinden muss. Die kann sofort angesetzt werden oder bei großen Meisterschaften vom höchsten Entscheidungsgremium der Regatta zu einem anderen Zeitpunkt festgelegt werden.

Es gibt viele Szenarien, die auf dem Wasser während eines Wettkampfs passieren können. Manchmal ist ein Abbruch eines Rennens und die spätere Wiederholung unumgänglich, oft kann aber durch das rechtzeitige Eingreifen der Schiedsrichter eine kritische Situation frühzeitig erkannt und dann durch entsprechende Anweisungen ohne weitere Folgen korrigiert werden. Deshalb ist die Aufmerksamkeit der Schiedsrichter über die gesamte Strecke gefordert.

Der alleinige oder der im festliegenden System auf den letzten Metern der Strecke postierte Schiedsrichter trifft aufgrund der Rennbeobachtung und der Informationen per Funk von vorher postierten Schiedsrichtern die Entscheidung, ob ein Rennen entsprechend den Regeln verlaufen ist. In diesem Fall signalisiert er das dem Zielgericht durch das Heben einer weißen Flagge. Andernfalls zeigt er die rote Flagge, um gegebenenfalls noch eine nachträgliche Bewertung des Rennens vorzunehmen. Auch die teilnehmenden Mannschaften haben die Möglichkeit, sofort nach dem Überqueren der Ziellinie einen Einspruch gegen die Wertung des Rennens einzulegen. Der Schiedsrichter trifft in diesem Fall seine Entscheidung nach Rücksprache mit der Mannschaft und informiert darüber das Zielgericht.

Um einen solchen Einspruch zu einem offiziellen Protest zu machen, muss die Mannschaft oder der zuständige Trainer innerhalb einer festgelegten Frist einen schriftlichen Protest bei der Regattaleitung abgeben, die sich dann in einem entsprechend kompetenten Gremium berät und eine endgültige Entscheidung trifft. Die kann im Fall des Falles auch so weit gehen, dass dem Protest stattgegeben wird und die Wiederholung eines Rennens angeordnet wird.

Solche Dinge kommen aber im Laufe einer Regatta eher selten vor, dafür sorgen meist die erfahrenen Schiedsrichter. Sie müssen eine gültige nationale oder internationale Lizenz haben, die alle vier Jahre durch eine Fortbildung verlängert wird. Diese Regelung gilt für alle offiziellen Wettkampfrichter auf allen Positionen, die sie im Laufe einer Regatta einnehmen. Für die großen Regatten, wie Weltmeisterschaften oder Olympische Spiele, wird von der FISA jeweils eine Jury auf Vorschlag der nationalen Verbände zusammengestellt, in der dann 18-20 lizensierte Wettkampfrichter für den regelkonformen Ablauf der Rennen sorgen.

5.9.8 Das Ziel

Eine Position, die für die Wertung des Rennens wichtig ist, fehlt noch in der Aufzählung, das Ziel. Dem Zielgericht muss mindestens ein lizensierter Wettkampfrichter angehören, der die letztlich gültige Entscheidung für die Reihenfolge des Zieldurchlaufs der Boote trifft. Bei großen Regatten sind meist zwei Wettkampfrichter neben Zeitnehmern und weiteren Helfern im Zielgericht tätig, um in jedem Fall eine richtige Entscheidung zu gewährleisten.

Kann die nicht mit dem bloßen Auge durch den oder die Zielrichter getroffen werden, stehen meist elektronische Hilfsmittel zur Verfügung, die über eine Kamera den Zieldurchlauf beobachten und aufzeichnen. Diese Aufzeichnung kann geprüft werden, wenn der Abstand zwischen zwei Booten für die Zielrichter nicht genau zu erkennen war oder in der Beurteilung nicht einheitlich ist. Die Auflösung der heute im Einsatz befindlichen Aufzeichnungssysteme lässt auch Abstände von wenigen Millimetern erkennen.

Ist die Reihenfolge im Ziel festgelegt, wird darüber ein Protokoll erstellt, das dann als offizielles Ergebnis eines Rennens auf dem Regattaplatz und in den elektronischen Medien veröffentlicht wird. In diesem Protokoll werden für jede teilnehmende Mannschaft die Zeiten angegeben, die sie für die verschiedenen Streckenabschnitte – meist 500 Meter – und für das gesamte Rennen benötigt hat. Diese Zeiten dienen aber überwiegend nur der Orientierung über den Ablauf eines Rennens und werden entsprechend meist von Trainern für Analysen bewertet.

Für die Feststellung des offiziellen Ergebnisses spielen die Zeiten keine Rolle, da zählt nur, ob auf der Aufzeichnung auf Höhe der Ziellinie ein Abstand zwischen den teilnehmenden Booten auszumachen ist. Nur anhand der zu erkennenden Abstände wird die Reihenfolge vom Zielgericht festgelegt, sodass es auch passieren kann, dass zwei Boote auf die 1/100 Sekunde zeitgleich sind, weil der auf dem Zielfilm zu erkennende Abstand nur wenige 1/1.000 Sekunden beträgt. In dem Fall werden die Boote unterschiedlich in der Reihenfolge des Ergebnisses gewertet.

Da im Rudern die Zeiten aber nur in 1/100 Sekunden protokolliert werden, werden beide Mannschaften mit derselben Zeit gewertet. Nur wenn auf einem Zielfilm die Bugbälle genau auf einer Linie liegen und auch bei größtmöglicher Bildauflösung kein Unterschied auszumachen ist, wird das Ergebnis zweier Boote als „totes Rennen" gewertet und beide Teams auf den gleichen Platz gesetzt. Das kann dann dazu führen, dass bei Meisterschaften auch mal mehr als drei Medaillenränge geehrt werden, wenn eben auf dem dritten Platz zwei Mannschaften sich ein „totes Rennen" über die 2.000-Meter-Strecke geliefert haben. Kommt sehr selten vor, hat es aber alles schon gegeben.

5.9.9 Wettkampfrichter rund um die Strecke

Den Ablauf eines normalen Rennens haben wir jetzt komplett geschildert und darin die Aufgaben der eingesetzten Wettkampfrichter beleuchtet. Sie sorgen auch an anderen Positionen für die Einhaltung der

Regeln. Dazu gibt es bei jeder Regatta eine Kontrollkommission, deren Besetzung durch die Wettkampfrichter alle paar Stunden wechselt. Die Kommission prüft, ob die für die Sicherheit der Aktiven im Boot vorgeschriebenen Komponenten auch tatsächlich vorhanden sind. Welche das sind, ist in einem späteren Kapitel aufgeführt.

Auch bei der Prüfung der Gewichte der Boote und der Aktiven in der Leichtgewichtsklasse und der Steuerleute sind Wettkampfrichter im Einsatz, da sie als Offizielle bei einem Regelverstoß u. U. schwerwiegende Entscheidungen treffen müssen, die gegebenenfalls die Disqualifikation eines Teams zur Folge haben können. Mindestens ein lizensierter Wettkampfrichter gehört auch dem Regattaausschuss an, einem Gremium mit drei oder vier Mitgliedern, das für jede Regatta gebildet wird und über eingelegte Proteste während der Regatta entscheidet. Meist ist dieser Wettkampfrichter auch der Chef der Jury und somit Obmann der bei der Regatta eingesetzten Wettkampfrichter.

5.9.10 Das Ergebnisprotokoll

Für den Ausrichter einer Regatta ist die Arbeit getan, wenn er die aufgelisteten Ergebnisprotokolle aller Rennen in das Verwaltungsportal des DRV eingestellt oder bei internationalen Wettkämpfen der FISA die entsprechenden Dateien zugänglich gemacht hat. Diese Ergebnislisten werden im Internet veröffentlicht, sodass sich jeder Interessierte umfassend über die sportlichen Dinge einer abgelaufenen Regatta jederzeit informieren kann.

Mit dem bis hierhin beschriebenen Ablauf einer Regattaorganisation und eines Rennens ist der Rahmen für einen Rudersportevent dargestellt. Es gibt noch viele Details, Aufgaben und mögliche Vorkommnisse, die den Ablauf einer Regatta beeinflussen können. Aber der geneigte Leser kann sich darüber im Regelwerk des DRV oder der FISA informieren, die beide im Internet veröffentlicht sind. Diese werden in den Gremien der Verbände auch immer wieder auf ihre Praktikabilität überprüft und gegebenenfalls angepasst. Oder man kann einfach mal bei einer Regatta dabei sein, ein Blick auch hinter die Kulissen ist da in den meisten Fällen möglich.

5.10 BESONDERE MANNSCHAFTEN

Nun haben wir bisher in diesem Buch so viel über Rudern als Leistungssport geschrieben, dass wohl auch der sportinteressierte Laie beim Verfolgen eines Rennens am Fernsehschirm oder live bei einer Regatta die eine oder andere Feinheit erkennen kann. Rudern ist in erster Linie ein Mannschaftssport und deshalb sollen hier ein paar Teams gewürdigt werden, die zu Legenden im Rudern geworden sind.

Da sind als Erstes die USA mit ihrem Männer-Achter zu nennen, der 1900 und zwischen 1920 und 1956 bei allen Olympischen Spielen die Goldmedaille gewann. 1908 und 1912 hatten die Briten bei Olympia die Bootsspitze vorne. Wie im Rudern üblich, änderte sich immer wieder die Besetzung des Boots. Dennoch ist das die längste Erfolgsserie, die bisher einer Nation mit ihrem Ruderteam bei Olympischen Spielen gelang.

Nicht weniger legendär ist der Ruf des Deutschlandachters, der bei den Spielen 1960 die Serie des US-Achters beendete. Die Basis dafür war die Zusammenarbeit mit ihrem Trainer Karl Adam. Der hat nie selbst in einem Ruderboot gesessen, sondern war eher im Handball und Boxen erfolgreich. Aber als Lehrer an der Lauenburgischen Gelehrtenschule in Ratzeburg hatte er es nicht weit zum Bootshaus.

Mit seinen damaligen Ideen zu einem grundsätzlichen Trainingsaufbau u. a. mit einem Kraft- und Intervalltraining war er seiner Zeit voraus. Es gelang ihm erfolgreich, das mit den Ruderern aus Ratzeburg und Kiel umzusetzen und seine Methoden als Vorlage für andere Trainer zu etablieren. 1959 wurde der Ratzeburger-Kieler-Achter Europameister und auch „Mannschaft des Jahres“. Ein Jahr später folgte der große Triumph mit dem ersten Olympiasieg für einen deutschen Achter. Vier Jahre später verhinderten die Witterungsbedingungen in Tokio die Wiederholung dieses Erfolgs, aber 1968 fuhr das Team um Trainer Karl Adam erneut zu Gold.

Irgendwann in diesen Jahren prägte die Presse die Bezeichnung „Deutschlandachter". Wann genau, da streiten sich die Protagonisten bis heute noch etwas. Aber der Name war für das bundesdeutsche Flaggschiff des Rudersports nicht mehr wegzudenken. 20 Jahre bis 1988 musste man allerdings warten, bis es wieder Olympiagold wurde. Nach Bronze 1992 und Silber 1996 folgte erst 2012 das vierte Gold in dieser Bootsklasse für Deutschland. Silber wurde es in Rio, da waren die Briten, die auch 2000 in Sydney gewannen, wieder ganz vorne. Was es nun in Tokio wird, darauf müssen wir noch warten.

Doch längst ist der Deutschlandachter, der zwischen den Olympischen Spielen auch vielfach WM-Gold holte, zum Mythos geworden. Fragt man Sportinteressierte, was ihnen zum Rudern einfällt, dann fällt meist das Wort „Deutschlandachter" als Erstes. Nicht zu Unrecht, denn das haben sich die verschiedenen Mannschaften zwischen 1960 und heute redlich verdient.

Bleiben wir noch einen Moment bei den Achtern, gehen aber von den Männern zu den Frauen. 2006 bei der WM stand der US-Frauen-Achter erstmals auf dem obersten Treppchen bei der Siegerehrung. Und bis zu den Olympischen Spielen 2016 wiederholten sie dies bei allen Meisterschaften und Olympischen Spielen. Mit diesen insgesamt 11 Goldmedaillen hat sich das US-Frauen-Team ebenfalls im Rudern zur Legende gemacht.

Ausgerechnet bei der WM 2017 im eigenen Land wurde es nichts mit Edelmetall, ein Jahr später aber war es wieder Gold und 2019 immerhin Bronze bei der WM. Die Basis für diese Erfolge wird in den Universitäten der USA gelegt. Hier zählt Rudern zu den Topsportarten für die Frauen, das Reservoir an talentierten und leistungsstarken Ruderinnen ist so für die Trainer nahezu unbegrenzt.

Auch bei den Vierern wurden einige Mannschaften zu Legenden. Vielen bekannt ist sicher noch der deutsche „Bullenvierer" mit vier „Kraftpaketen" aus Konstanz, Wetzlar, Ulm und Ludwigshafen. Sie krönten ihre Leistung 1972 bei den Olympischen Spielen von München mit Gold im Vierer-mit. Gleich viermal Olympia-Gold in Folge gab es für den DDR-Vierer-ohne aus Dresden.

In dieser Bootsklasse ist auch das Duell der beiden Teams aus Großbritannien und Australien in die Rudergeschichte eingegangen. Zwischen ihnen kam es bei den Olympischen Spielen 2000 in Sydney zum großen Showdown. Die „Fab-Four", wie die britische Mannschaft um Ausnahmeruderer Steven Redgrave in Anlehnung an die Beatles genannt wurde, gewann vor den „Oarsome Foursome" aus Australien, die 1992 und 1996 olympisches Gold im Vierer-ohne gewonnen hatten.

Das englische Wort „Oar" bedeutet Ruderriemen. Ausgerechnet auf der Heimstrecke mussten sich die „Aussies" dann den Briten beugen. Bei denen saß eben mit Redgrave der bisher erfolgreichste Ruderer überhaupt an Bord. Zwischen 1984 und 2000 nahm er im Zweier und Vierer an fünf Olympischen Spielen teil und gewann jedes Mal eine Goldmedaille.

Auch im Leichtgewichtsrudern hat sich eine Nation mit ihren Mannschaften einen besonderen Namen gemacht. Den Dänen gelang mit ihrem Leichtgewichts-Vierer zwischen 1994 und 2015 fast bei jeder WM ein Medaillengewinn, dazu auch von 1996 bis 2016 insgesamt dreimal Gold, einmal Silber und zweimal Bronze bei Olympia. Sechsmal war diese Bootsklasse im olympischen Programm, sechsmal kehrten die Dänen mit einer Medaille heim. Die beiden letzten in dieser Bootsklasse ausgefahrenen Olympiafinalrennen gewannen sie allerdings nicht. 2012 war überraschend Südafrika vorne und mit dem Gold für die Schweiz verabschiedete sich der leichte Vierer-ohne 2016 von der Olympiabühne.

Ein deutsches Vierer-Frauenboot legte eine bisher nicht wieder erreichte Goldserie hin. Der Frauen-Doppelvierer holte sich von 1992 bis 2004 viermal Olympia-Gold und dazu, wie auch die anderen genannten Teams, fast alle WM-Titel in den Jahren dazwischen.

Und zum Schluss dieses Kapitels sei auch noch ein Blick auf die Zweier gerichtet. Die Brüder Frank und Alf Hansen bestimmten das Geschehen im Doppelzweier in den 1970er-Jahren. Nach Silber in München 1972 gewannen sie Gold bei den Olympischen Spielen 1976 in Montreal. Dreimal holten sie in diesen Jahren auch WM-Gold. Im Zweier-ohne waren in diesen Jahren Jörg und Bernd Landvoigt für die DDR aktiv, bei ihnen war es Bronze in München und Gold in Montreal sowie 1980 in Moskau.

Einen besonderen Rekord stellten Hamish Bond und Eric Murray im Zweier-ohne auf. Die Neuseeländer verloren zwischen 2009 und 2016 kein einziges Rennen. Sechsmal wurden sie Weltmeister, zweimal Olympiasieger. Und dass, obwohl sie körperlich allein mit einem Gewichtsunterschied von rund 12 Kilogramm grundverschieden sind. Trotzdem gelang es ihnen wie bisher kaum einem anderen Team, den sensiblen Zweier-ohne gerade über die Strecke zu bringen und oft schon nach der Hälfte der 2.000-Meter-Strecke kaum noch einholbar in Führung zu liegen.

Eine solche Aufzählung von legendären Teams kann nur unvollständig sein, da bittet der Autor um Nachsicht. Immer wieder kamen aus den verschiedenen Nationen Ausnahmemannschaften, die die Szene in ihrer Bootsklasse über eine längere Zeit beherrschten. Oder auch Teams in Rennen, die nur einmal groß in Erscheinung traten, wie bei den Olympischen Spielen von 1912 der Dollengig-Vierer-mit oder die Olympiasieger von 1906, als ein Sechser-mit und ein Sechzehner-mit im Rennprogramm standen. Nicht zuletzt konnten auch die beiden zwischen 1966 und 1990 getrennt antretenden deutschen Verbände der Bundesrepublik und der DDR in diesen Jahren, aber auch vorher und nachher als deutsche Auswahlmannschaften bzw. ab 1991 als Deutscher Ruderverband immer wieder Mannschaftsboote in die Rennen schicken, die den Ruderfans unvergessliche Erfolge und Erlebnisse bescherten.

Rudern ist ein Mannschaftssport, es ist schon mehrfach erwähnt worden. Selten standen die Namen einzelner Teammitglieder im Vordergrund. Und dennoch gibt es einige Persönlichkeiten, die ins nächste, das letzte Kapitel zum Leistungssport, Eingang finden sollen.

5.11 BESONDERE PERSÖNLICHKEITEN

Beginnen wollen wir mit John B. Kelly aus Philadelphia/USA. Ihm gelang es bisher als einzigem Athleten im Rudern, 1920 am einzigen Finaltag der olympischen Ruderspiele erst im Einer und kaum eine Stunde später mit seinem Cousin Paul Costello auch im Doppelzweier die Goldmedaille zu gewinnen. Immer mal wieder haben einzelne Aktive dieses Kunststück versucht, aber bei der heutigen Leistungsdichte im Rudern ist ein Doppelstart bei Olympia kaum noch machbar. Am nächsten kam ihm Sir Steven Redgrave, der 1988 an einem Tag Gold im Zweier-ohne und Bronze im Zweier-mit gewann.

Zurück noch mal zu John Brendan Kelly. Sein größter Wunsch, einmal in Henley im Einer-Rennen um die Diamond Skulls zu rudern, blieb ihm verwehrt. Kelly arbeitete zunächst als Maurer, gründete später ein sehr erfolgreiches Bauunternehmen, das ihn zum Millionär machte. Die konservativen Briten ließen aber bei ihrer großen Traditionsregatta keine Aktiven zu, die ihr Geld als „Handwerker" verdienten. Erst nach dem Zweiten Weltkrieg lockerten sie ihre Regeln, sodass der Sohn John B. jun. 1947 und 1949 das prestigeträchtige Rennen zweimal für sich entscheiden konnte. Dreimal nahm der Junior zwischen 1948 und 1956 an Olympischen Spielen teil, holte dabei eine Bronzemedaille im Einer.

Da hatte der Senior längst eine Familie gegründet, aus der vier Kinder hervorgingen. Eines davon erhielt den Namen Grace Patrizia. Sie machte zunächst zwischen 1950 und 1956 als international bekannte Schauspielerin Grace Kelly in Hollywood Karriere, bevor sie dann das Fach wechselte und zur Fürstin von Monaco wurde. Ob sie angesichts der Erfolge ihres Vaters und Bruders mal selbst im Boot gesessen hat, ist nicht überliefert. Aber Kontakte zum Rudern hatte sie wohl auch, da einige ihrer Schauspielkollegen, wie etwa Gregory Peck, vor der Künstlerlaufbahn durch das Studium an amerikanischen Universitäten erfolgreich für deren Achter am Start waren.

Auch ein Film- und Musikstar unserer Tage reiht sich in diese Tradition ein. Bradley Cooper, besonders bekannt durch sein Gesangsduett mit Lady Gaga im oscarprämierten Film *A Star is Born*, bei dem er selbst Regie führte, das Drehbuch schrieb und die Hauptrolle spielte, ruderte während seines Englischstudiums für die Georgetown Universität in Washington.

Alan B. Shepard war der erste US-Astronaut im All und 1971 mit Apollo 14 auf dem Mond. Er ruderte zuvor im US-Navy-Team. Weltruhm erlangte Graham Hill durch den Automobilrennsport, vorher saß er am Steuer eines erfolgreichen Achters des Londoner Rowing Clubs. Und auch Stephen Hawkins, der 2018 verstorbene Astrophysiker, nahm lange vor seiner unheilbaren ALS-Erkrankung auf dem Steuersitz eines Oxford-Achters Platz. Seine wissenschaftliche Karriere spielte sich dann aber quasi bei der Konkurrenz ab, der Universität von Cambridge.

Viele Prominente der Zeitgeschichte haben also Erfahrungen mit dem Rudersport gemacht. Vielleicht haben es die Ruderer, die in ihrem Sport zu Persönlichkeiten wuchsen, nicht zu weltweiter Bekanntheit gebracht. Dennoch finden sich außergewöhnliche Sportler darunter. Dazu gehört zweifelsohne der Schweizer Thomas Keller. 1950 wurde er Europameister im Einer, 1956 verhinderte der Boykott der Olympischen Spiele von Melbourne durch die Schweiz eine wohl mögliche Medaille für den Züricher. Sein Land protestierte damit gegen die Niederschlagung des Ungarn-Aufstandes im gleichen Jahr.

Keller war durch diese Entscheidung der Sportpolitik so erzürnt, dass er beschloss, selbst die Funktionärslaufbahn einzuschlagen. Schon 1958 wurde er im Alter von 34 Jahren zum Präsidenten der FISA gewählt. Um der Fortsetzung politischer Querelen zwischen den Nationen im Sport etwas entgegenzusetzen, schaffte er bei den Siegerehrungen der internationalen Meisterschaften Nationalflaggen und -hymnen ab, stattdessen wurde in den Jahren seiner Präsidentschaft eine eigens komponierte Hymne der FISA gespielt.

Keller strukturierte die Organisation von Regatten neu und forcierte die Schaffung eines festgeschriebenen Regelwerks. Bis dahin basierten diese Dinge vor allem auf Traditionen und der Erfahrung der älteren Herren in den Funktionärskreisen. Ihnen ließ Keller zwar weiterhin Raum zur Entfaltung, gleichzeitig aber forcierte er die Ausbildung von jungen und lizensierten Wettkampfrichtern und ehrenamtlichen Mitarbeitern.

Durch Thomas Keller gewann der Rudersport hohe Anerkennung und wurde für viele andere Weltverbände zum Vorbild in Fragen der Verbands- und Sportorganisation. Thomas Keller führte die FISA bis zu seinem Tod 1989. In all den Jahren hat er immer wieder den Versuchen widerstanden, ihn für höhere Aufgaben u. a. im Internationalen Olympischen Komitee zu gewinnen. Dem stand er schon damals kritisch gegenüber, vielleicht ahnend, welche umstrittene Entwicklung diese Organisation einmal nehmen würde.

Blicken wir auf einige Aktive, deren Namen aufgrund ihrer Erfolge und ihrer sportlichen Karriere im Rudersport nicht nur den Experten bekannt sein dürften. Da darf Peter-Michael Kolbe nicht fehlen. Der gebürtige Hamburger wurde zwischen 1975 und 1986 sechsmal Weltmeister im Einer. Die große Krönung seiner Karriere mit einem Olympiasieg blieb ihm leider verwehrt. Legendär sind seine Duelle mit dem Finnen Pertti Karppinen, der den Hamburger 1976 und 1984 jeweils im olympischen Finale bezwang und auf den Silberplatz verdrängte. 1988 im Alter von 35 Jahren fuhr Kolbe sein drittes olympisches Finale.

Aber auch hier fand er seinen Meister und zugleich Nachfolger in der deutschen Ruderszene, auch wenn das 1988 noch niemand ahnen konnte. Der Hallenser Thomas Lange, 1987 bereits Weltmeister im Einer geworden, holte Gold für die DDR, Kolbe wurde erneut Zweiter und gewann damit seine dritte Silbermedaille. Danach zog sich der Hamburger, der schon lange mit seiner Familie in Norwegen wohnte, zunächst aus dem Rudern zurück. 1990 gewann ihn der Deutsche Ruderverband für die seinerzeit neu geschaffene Position des Sportdirektors.

Damit war er dann auch im organisatorischen Bereich der „Chef" seines Nachfolgers Thomas Lange. Der gewann zwischen 1983 und 1989 im Trikot der DDR insgesamt fünf WM-Titel, zunächst im Doppelzweier, dann dreimal im Einer. Nach der Wende ging Lange für den wiedervereinigten DRV an den Start und wiederholte 1992 seinen Olympiasieg. Und wie Kolbe stand auch Thomas Lange dreimal im Finale der Olympischen Spiele. Mit der Bronzemedaille von 1996 beendete er seine Karriere. Er ging nach seinem Medizinstudium nach Ratzeburg, lebt heute dort als anerkannter Handchirurg mit seiner Familie und übernahm auch 2016 den Vorsitz des Clubs, in dem einst der Mythos des Deutschlandachters begründet wurde. Peter-Michael Kolbe siedelte 2007 nach Lübeck, wo er im Dezember 2023 im Alter von 70 Jahren verstarb.

Bleiben wir noch einen Moment im Einer und blicken auf zwei weitere Ausnahmeruderer unserer Tage. Norwegen ist bekannt für seine herausragenden Skuller. 2000 ging der Stern von Olaf Tufte auf. Bei den Spielen in Sydney gewann er Silber im Doppelzweier, 2004 und 2008 holte er dann die Krone des Rudersports im Einer jeweils mit Olympiagold. Acht Jahre später, als man eigentlich kaum noch mit dem Landwirt aus Skandinavien rechnete, setzte er 2016 mit Bronze wieder im Doppelzweier ein Ausrufezeichen.

Auch Tufte trat quasi gegen seinen Nachfolger auf dem Skullerthron im Wettkampf an. 2008 war der Neuseeländer Mahé Drysdale nach seinen drei WM-Titeln von 2005-2007 eigentlich der Favorit auf Gold in Peking. Doch ein Virus schwächte ihn und trotz unbändigem Kampf im Finale musste er Tufte den Goldplatz überlassen, rettete noch die Bronzemedaille. 2012 dann war Drysdale ganz vorne, was er im Finale 2016 in Rio de Janeiro wiederholen konnte. Diese Rennen auf der Lagune unterhalb der berühmten Christusstatue ging in die Rudergeschichte ein.

Bis auf die Ziellinie lieferte sich der „Kiwi" (ja, man darf die Ruderer aus Neuseeland respektvoll so nennen) einen packenden Kampf mit dem Kroaten Damir Martin. Einige Minuten brauchten die Offiziellen, um den Zielfilm auszuwerten. Schließlich wurden beide mit der auf die 1/100 Sekunde genau gleichen Zeit gewertet. Der Zielfilm zeigte aber einen wenige Millimeter ausmachenden Vorsprung des Neuseeländers von 4/1.000 Sekunden. Gemäß den gültigen Regeln zählt im Rudern aber nicht die gemessene Zeit, sondern nur ein festzustellender Vorsprung auf der Ziellinie. Somit ging Gold regelkonform an Drysdale und Silber an Martin.

Moralisch hätten sicher beide nach diesem Rennen Gold verdient, aber im Sport gehört es zur Fairness, sich an Regeln auch in Ausnahmesituationen zu halten.

Rudern ist eine körperlich sehr fordernde Sportart. Nur Ausnahmeathleten gelingt es, fünfmal bei Olympischen Spielen im Boot zu sitzen und dann auch jedes Mal eine Medaille zu gewinnen. Vier von ihnen seien hier zum Ende dieses Kapitels genannt. Mit Kathrin Boron zählt eine der weltbesten Skullerinnen dazu. Der Einer war nie ihre Bootsklasse, da wurde sie nur einmal WM-Zweite. Doch wenn sie im Doppelzweier oder Doppelvierer saß, waren diese Mannschaften nur schwer zu bezwingen. Viermal in Folge zwischen 1992 und 2004 gewann „Boroni" Olympiagold im Mannschaftsboot, mit der Bronzemedaille 2008 in Peking beendete sie dann ihre außergewöhnliche Karriere. In der gewann sie achtmal WM-Gold und neben dem Einer-Silber weitere vier WM-Silbermedaillen. In ihrer aktiven Karriere ruderte die geborene Eisenhüttenstädterin für Potsdam, wo sie bis 2013 auch als Trainerin ihre Erfahrungen weitergab. Seit 2015 lebt Kathrin Boron in Frankfurt/M. und ist hauptamtlich für die Deutsche Sporthilfe engagiert.

Im Frauenrudern wurde Boron nur von einer Athletin in der Anzahl der Olympiamedaillen überflügelt. Die Rumänin Elisabeta Lipa gewann insgesamt achtmal Edelmetall. Fünfmal wurde sie zwischen 1984 und 2004 Olympiasiegerin im Einer, Doppelzweier und Achter. Weil sie als eine der wenigen Athletinnen Doppelstarts bei Olympia wagte, kamen 1988 Silber und Bronze, sowie 1992 noch einmal Silber im Doppelzweier und Doppelvierer hinzu. Auch sie blieb bis heute dem Sport verbunden. Seit 2009 ist sie Präsidentin des rumänischen Ruderverbandes, zwei Jahre war sie zudem Ministerin für Jugend und Sport ihres Heimatlandes.

Eine Ausnahmeruderin ist im Frauenrudern ebenfalls Ekaterina Karsten, geborene Chadatowitsch. Die Weißrussin begann 1985 im Alter von 13 Jahren mit dem Rudersport, wurde 1990 erstmals im Trikot der Sowjetunion Junioren-Weltmeisterin im Einer. 1991 trat sie erstmals im WM-Senioren-Team an, gewann Bronze im Doppelzweier. 1992 holte sie nach der Auflösung der UdSSR als Mitglied im Team der „Unabhängigen Athleten" Bronze im Doppelvierer. Nach weiteren WM-Medaillen für Weißrussland feierte sie 1996 mit dem Olympiasieg im Einer in Atlanta endgültig den Durchbruch auf der internationalen Bühne. Es folgten weitere Siege in Welt-Cup-Rennen und bei Weltmeisterschaften, bevor sie in eine Pause ging, den Deutschen Wilfried Karsten heiratete und eine Tochter zur Welt brachte. 2000 bei den Spielen in Sydney war sie aber wieder zurück und gewann in einem denkwürdigen Rennen mit einer 1/100-Sekunde Vorsprung Gold vor der Rumänin Nejkowa und der Berlinerin Katrin Rutschow. In den Folgejahren startete Karsten, die inzwischen in Deutschland lebte, aber weiterhin für Weißrussland an den Start ging, immer wieder im Einer und in Mannschaftsbooten. Und in jedem Jahr wurde ihre Sammlung von WM-Medaillen in allen drei Edelmetallfarben größer. Bei Olympia 2004 standen die drei Konkurrentinnen von Sydney wieder gemeinsam nach dem Einer-Rennen auf dem Podium. Diesmal aber ging Gold an Rutschow, Silber an Karsten und Bronze an Nejkowa. 2008 in Peking erfüllte sich die Rumänin den Traum vom Einer-Olympiagold, Zweite wurde die USA-Amerikanerin Michelle Guerette, Dritte Karsten. Und auch in London stand die Weißrussin im olympischen Einer-Finale, diesmal aber reichte es nur zu Platz fünf. 2016 war Ekaterina Karsten bereits 44 Jahre alt. Und dennoch qualifizierte sie sich im Einer erneut für die Olympischen Spiele, belegte im B-Finale Platz drei und somit insgesamt Platz acht. Bei den Europameisterschaften 2017 gab es noch einmal die Bronzemedaille, 2018 bei ihren Starts in den Mannschaftsbooten ging Ekaterina Karsten leer aus. Eigentlich wollte sie auch 2019 bei den Weltmeisterschaften an den Start gehen, aber eine Trainingsverletzung stoppte sie, worauf sie im August 2019 im Alter von nunmehr 47 Jahren ihre Karriere für beendet erklärte. Allerdings tauchten im Vorfeld der Olympischen Spiele 2020 immer wieder Gerüchte auf, sie sei doch noch im Training und wolle eine Qualifikation für Olympia versuchen. Die Verlegung der Spiele lässt nun diese Frage offen, aber ohne jeden Zweifel zählt Ekaterina Karsten zu den ganz großen Sportlerinnen im Rudern.

Fünfmal Gold bei Olympia hat bei den Männern im Rudern bisher nur einer geschafft, der bereits zu Anfang dieses Kapitels genannt wurde. Steven Redgrave schaffte dies bei fünf aufeinanderfolgenden Spielen. 1984 saß er im britischen Vierer-mit in Los Angeles und gewann dort sein erstes Gold. 1988 stieg er in den Zweier-ohne und wurde erneut Olympiasieger in Seoul. Von dort, wie oben bereits erwähnt, brachte er auch die Bronzemedaille im gesteuerten Zweier mit. Wiederum im Zweier ohne folgte Gold 1992 und 1996 mit seinem langjährigen Ruderpartner Matthew Pinsent. Beide saßen dann 2000 im britischen Vierer-ohne, mit dem Redgrave seine fünfte Goldmedaille holte und dann seine sportliche Karriere beendete.

Ein Jahr später adelte ihn Queen Elizabeth II., seitdem darf er den Titel „Sir" seinem Namen voranstellen. Mit seinen Olympiasiegen und den neun Weltmeistertiteln gilt der Brite als bislang erfolgreichster Ruderer der Welt. Einen nicht unwesentlichen Anteil daran hat ein deutscher Trainer. Der Magdeburger Jürgen Grobler ging nach der Wende 1990 zum englischen Leander Club, der direkt in Henley an der bekannten Ruderstrecke liegt. Hier trainierten auch Redgrave und Pinsent, deren Betreuung der vorher bei Olympia als DDR-Trainer erfolgreiche Grobler übernahm.

Mit dem Vierer-ohne-Sieg 2000 begann eine langjährige Erfolgsgeschichte der Briten in dieser Bootsklasse, für die vor allem Jürgen Grobler verantwortlich zeichnete. Er gilt damit als erfolgreichster Rudertrainer der Welt, zumindest, was die Anzahl der Medaillen bei Olympia angeht. Mehrfach wurde er in Großbritannien dafür geehrt.

Wie bei den legendären Mannschaften, werden auch hier dem kundigen Leser dieses Buchs sicher spontan noch einige Namen und Persönlichkeiten einfallen, die eine Erwähnung verdient hätten. Die lange Tradition des Rudersports, die vielen Erfolge deutscher und internationaler Athleten, bieten Stoff für ein eigenes Buch dazu. Deshalb möge die hier gewählte Auflistung stellvertretend für alle Ruderinnen und Ruderer verstanden sein.

Mit diesem Kapitel wird der Bereich des Leistungssports in diesem Buch abgeschlossen. Zu Boots- und Rudertechnik, Trainingsmethodik für Anfänger und Fortgeschrittene sowie Organisation und Geschichte des Rudersports gibt es weitere umfangreiche Literatur, die über das hier vermittelte Basiswissen weit hinausgeht.

★ 6 ★

BREITENSPORT

Die Wurzeln des Sports liegen unbestritten beim Leistungssport. Das ist auch im Rudern nicht anders und gilt von den ersten Rennen der englischen Watermen bis zu den Olympischen Spielen unserer Zeit. Doch schon Anfang des 20. Jahrhunderts gründeten sich daneben auch Rudervereine, die ihren Mitgliedern das Rudern ausschließlich als Freizeitvergnügen mit Touren auf dem Wasser anboten.

Es dauerte zwar bis in die 1920er-Jahre, bis der Deutsche Ruderverband auch diese Form des Sports als unterstützungswürdig ansah und diesen Vereinen die Aufnahme in den Verband gewährte. Heute ist diese Form des Wassersports, gemessen an der aktuellen Mitgliederzahl des DRV, das breite Fundament der Sportart und eben die Form, in der mehr als 80 % der Aktiven ihren Sport betreiben.

Nicht zuletzt das in den Zeiten des Wirtschaftswunders aufkommende Bewusstsein für die eigene Gesundheit, die Fitness und natürlich auch die damit verbundenen sozialen und geselligen Kontakte haben neben Trimm-dich- und Volkssportaktivitäten dem Rudern als Freizeit- und Breitensport einen enormen Aufschwung beschert.

Und da viele Vereine über Grundstücke und Gebäude an attraktiven Gewässern verfügen, trifft man sich dort nicht nur zum gemeinsamen Sporttreiben auf dem Wasser, sondern auch für Aktivitäten in den oft neben den Bootshallen zusätzlich vorhandenen Kraft- und Gymnastikräumen. Natürlich bieten die Bootshäuser auch viel Platz für Versammlungen, Treffen und zum Feiern sowie einen gastronomischen Betrieb. Deshalb ist für viele Vereinsmitglieder das Bootshaus weit mehr nur ein Sportplatz.

Die Voraussetzungen und Möglichkeiten für das Freizeitangebot sind in den rund 500 Vereinen in Deutschland ganz unterschiedlich. Meist wird das wesentlich beeinflusst vom Gewässer, das zum Befahren bereitsteht und vom Gelände, das einem Verein zur Entfaltung zur Verfügung steht.

Deshalb können die Beschreibungen der möglichen Breitensportaktivitäten an dieser Stelle nur beispielhaft sein. Dennoch, Ablauf einer Ausfahrt über zwei Stunden, einer Tagestour oder einer mehrtägigen Fahrt folgen den Grundlagen des Ruderns, die in Kap. 3 bereits erwähnt sind. Eigene Erfahrungen macht man als Aktiver schnell selbst.

Und bald erkennt man auch die Möglichkeiten des Sporttreibens in der freien Natur, selbst wenn man auf einem befestigten Kanal oder einem ruhigen Binnensee in regelmäßigem Turnus unterwegs ist. Die Begrenzungen eines Sportplatzes oder einer Halle gibt es hier nicht. Stattdessen aber bei jeder Ausfahrt neue Bedingungen durch wechselnden Wasserstand, Wind und Wellen, Schifffahrt oder ähnliche Einflüsse. Auch das macht den Rudersport als Freizeitaktivität attraktiv, manchmal auch spannend.

6.1 DIE BOOTE

Bevor wir jetzt sinnbildlich aufs Wasser gehen, seien hier noch ein paar Dinge erklärt, die im Rudern den Breiten- vom Leistungssport unterscheiden. Da sind zunächst die Boote. Rennboote sollten möglichst schmal, leicht und damit schnell sein, wie bereits in Kap. 3 beschrieben. Im Breitensport geht es um die flexiblen Nutzungsmöglichkeiten für ein Boot. Es soll sowohl für Anfänger, bei denen es am Anfang vielleicht noch etwas schaukelt, genauso einsetzbar sein, wie für die erfahrenen Aktiven, die sich regelmäßig mit ihren Teamkameraden treffen und routiniert ihre Strecken fahren. Die können auf unterschiedlichen Gewässern liegen mit Wellen oder anderen Umständen, die eine Ausfahrt im schmalen Rennboot vielleicht schwierig bis unmöglich machen.

Und die Breitensportboote sollen möglichst robust sein, da sie nicht nur für Training und Rennen eingesetzt werden, sondern auch für längere Fahrten von ganz unterschiedlichen Ruderern unter allen denkbaren Bedingungen. Also ist für den Breitensport nicht die hochsensible „Rennziege" gefragt, sondern das solide „Arbeitspferd", das man auch schon mal für die längere Tour mit Gepäck oder Tagesverpflegung belasten kann.

Solche Boote stehen in verschiedenen Ausführungen, Formen und Farben zur Verfügung. Der Ruderexperte nennt sie **Gig**. Das Wort stammt aus der Sprache der Seeleute und bezeichnete ursprünglich ein kleines, leichtes Ruderboot, das für notwendige Fahrten des Kapitäns an Land oder zu anderen nahen Schiffen eingesetzt wurde. Im Rudern wurden die Boote für die Anfängerausbildung und das Wanderrudern Anfang des 20. Jahrhunderts entwickelt und immer mehr standardisiert. Dabei haben sich fünf Grundtypen im Laufe der Jahre etabliert, die bis heute mit den Buchstaben A-E definiert werden.

Bei A- und B-Booten wurden die Bootsrümpfe aus einzelnen Holzplanken „geklinkert" aufgebaut. Die Länge eines Zweiers bemisst bei dieser Bauform etwa 8,50 Meter, bei einem Vierer ca. 11 Meter. Der Unterschied zwischen den beiden Typen A und B liegt in der Breite. Das A-Boot ist 90-100 Zentimeter breit, das B-Boot mit seinen rund 78 Zentimetern deutlich schlanker. Damit ist klar, dass sich das A-Boot besonders für die mehrtägigen Fahrten für das mitgeführte Gepäck eignet, das B-Boot das etwas sportlichere Rudern im Freizeitbereich ermöglicht.

Heute findet man in den Vereinen nur noch selten geklinkerte Holzboote, sie wurden weitestgehend durch andere Holz- und Kunststoffbauformen abgelöst. Es gibt aber noch vereinzelt Werften, die vor allem neue A-Boote wegen ihrer Robustheit bei mehrtägigen Fahrten auf unterschiedlichen Gewässern im Programm führen. Diese Boote sind aufgrund der erforderlichen aufwendigen Handarbeiten bei der Formung und dem Anbau der Planken im Vergleich zu Kunststoffbooten teurer, ihre Robustheit und Haltbarkeit bei entsprechender Pflege wird aber von vielen Vereinen sehr geschätzt.

Das C-Boot ist das am häufigsten eingesetzte Standardboot im Rudern. Die Maße entsprechen dem B-Typ, die Bootsrümpfe wurden aber früher aus glatten, dünnen Holzplatten, heute überwiegend durch Kunststoffformen, hergestellt. Dieser Bootstyp wird sowohl für den Breitensport als auch für den Rennsport eingesetzt. Dort besonders in den Klassen für ambitionierte Ruderanfänger oder in den Rennen der Schüler, die ihre eigenen Regatten und Meisterschaften ausfahren. Der Höhepunkt im Schülerrudern ist die jährliche finale Meisterschaft der einzelnen Bundesländer im Rahmen der Aktion „Jugend trainiert für Olympia“. Um hier eine Chancengleichheit herzustellen, müssen die in diesen Klassen genutzten C-Boote genau den vorgegebenen Richtlinien entsprechen.

Gerade auf ruhigeren Binnenseegewässern ist das C-Boot wegen seiner schnittigen Form und den damit gegebenen Möglichkeiten für die Beschleunigung der am häufigsten im Einsatz befindliche Bootstyp. Das gilt für Einer bis zum Achter.

D- und E-Boote unterscheiden sich vom C-Boot vor allem in der Breite, die bis zu 100 Zentimeter betragen kann. Wie schon beim historischen A-Typ werden diese Boote vor allem auf längeren Fahrten eingesetzt. Abgesehen von der Möglichkeit der Gepäckmitnahme halten diese Boote auch höhere Wellen aus, die u. a. von der Berufsschifffahrt verursacht werden können.

Legt man sich mit einem solchen Boot parallel zu einer höheren Welle, „reitet“ der Bootsrumpf die Welle ab und verhindert das Überschwappen von Wasser ins Bootsinnere. Und kleinere Wellen kann man mit diesen Booten fast ungehindert seitlich schneiden, ohne die Ruderbewegung zu stoppen.

Aus Holz gebaute D-Boote findet man heute nur noch selten in den Vereinen, der Einsatz von Kunststoff für den Rumpfbau ist heute der Standard und hat schließlich auch den breiten und robusten Bau des E-Boots als beliebtes Wanderruderboot möglich gemacht.

Damit sind die wesentlichen Daten zu den Gigbooten genannt, die in den unterschiedlichen Ausführungen vom Einer bis zum Achter in den Bootshäusern zu finden sind. Anders als im Rennsport beschränkt sich die Anzahl der Ruderplätze in einem Boot aber nicht auf Einer, Zweier, Vierer und Achter. Im Breitensport sind auch Dreier, Fünfer, Sechser oder andere Besetzungen möglich. Dazu wird für die Ergänzung um einen weiteren Ruderplatz der Steuersitz im Zweier oder Vierer meist durch von den Werften angebotene Einbauten mit wenigen Handgriffen umgewandelt. Mit diesen Booten ist dann fast jede Zusammenstellung einer Mannschaft möglich, ohne dass ein Einzelner allein im Einer unterwegs sein muss.

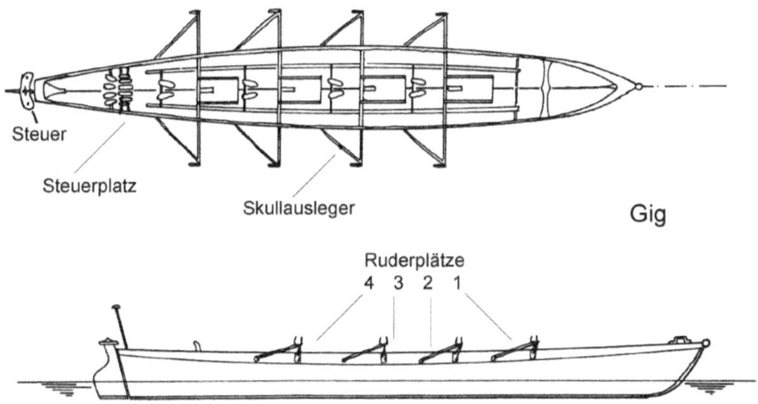

Abb. 10: Die grundsätzliche Bauform bei Gigbooten (Zeichnung: Oskar Loewe)

6.2 ORGANISATION EINES VEREINS

Um einige Angaben zum Verlauf einer normalen Ruderausfahrt, die im Folgenden beschrieben wird, nachvollziehen zu können, sollte man sich mit der Organisation des Sportbetriebs in einem Verein vertraut machen. Neben dem geschäftsführenden Vorstand, der immer für alle Belange des Vereins die Verantwortung trägt, gehört meist ein Sportvorsitzender einem Vorstand an, der sich um den gesamten sportlichen Ablauf im Breiten- und Rennsport kümmert. Er wird im Letzteren meist unterstützt von Trainern, die direkt die Mannschaften eines Vereins rennsportlich betreuen.

Im Breitensport sind auch Trainer u. a. für die Anfängerausbildung aktiv. Der normale Ablauf des Ruderbetriebs am Bootshaus obliegt meist den Ruderwarten, die sich um die Einteilung von Mannschaften und Booten kümmern und die Aktiven fortbilden u. a. in den Bereichen „Verhalten auf dem Wasser" oder „Führen eines Boots als verantwortlicher Obmann". Auf diese Fortbildungen wird in allen Vereinen viel Wert gelegt, denn sie stellen sicher, dass die gültigen Verkehrsregeln auf dem Wasser eingehalten werden und es mit den Beamten der Wasserschutzpolizei möglichst keinen Ärger gibt.

Eine Lizenzpflicht wie etwa beim Auto- oder Motorbootführerschein gibt es für Ruderer nicht, da sie ihre Boote ausschließlich mit Muskelkraft antreiben. Aber wer regelmäßig auf dem Wasser ist, macht sich ganz automatisch mit den Gegebenheiten und Regeln vertraut. Das ist eine Grundlage, um nach einiger Zeit und dem vereinsinternen Nachweis der nötigen Kenntnisse die Erlaubnis zur Ausfahrt allein im Einer oder als Obmann eines Boots zu erhalten.

Um all diese Fragen kümmert sich meist ein Ruderwart. Für den ungehinderten Sportbetrieb ist noch der Bootswart wichtig, der sich im Verein um den Zustand des Materials kümmert, kleine Reparaturen meist selbst durchführt oder bei größeren Schäden eine entsprechende Werft oder freie Bootsbauer einschaltet. Für die Sicherheit auf dem Wasser ist nicht zuletzt der einwandfreie Zustand eines Boots mitverantwortlich, deshalb kommt den Aufgaben eines Bootswarts da besondere Bedeutung zu.

Damit sind nun die wichtigsten Bedingungen geschaffen, um am Freizeitsport Rudern teilzunehmen. Zeit also, den Ablauf einer ganz normalen Ruderausfahrt zu beschreiben, was Thema im nächsten Kapitel ist.

6.3 DIE BOOTSHAUSTOUR FÜR DIE FITNESS

Wer regelmäßig Sport treibt, allein oder mit einer Gruppe, der hat da so seine Rituale. Man trifft sich auf einem geeigneten Platz, tobt sich etwa zwei Stunden aus und widmet sich nach dem Duschen und vielleicht einem erfrischenden Getränk im Kreis der Sportfreunde wieder den Alltagsthemen. Beim Rudern ist das sehr ähnlich. Es gibt aber ein paar Dinge im Umfeld und rund um das eigentliche Sporttreiben, die sind in anderen Sportarten eher unnötig, im Rudern aber obligatorisch.

Das beginnt mit dem Treffpunkt. Das ist immer zentral der Verein, dem man sich angeschlossen hat. Hier liegen die Boote und das erforderliche Material und hier befinden sich auch die sanitären Räume für das Umziehen. In fast allen Rudervereinen gibt es festgelegte Rudertermine, die jedem aktiven Mitglied offenstehen. Das kann beispielsweise in den Wochen der Sommerzeit für Berufstätige am frühen Abend gegen 18 Uhr sein, am Samstagmittag um 14 Uhr oder gerne auch am Sonntagmorgen um 9 Uhr. Das legt jeder Verein für sich fest und macht es den Mitgliedern entsprechend bekannt.

Zu diesen Zeiten kann man zum Bootshaus kommen, ohne sich vorher mit Sportfreunden fest verabredet zu haben. Man trifft sie an der Bootshalle, stellt dann dort die Teams für die Ausfahrt zusammen und bereitet sich selbst sowie das Material dafür vor. Ist man fest in ein Ruderteam integriert, kann man sich mit dem natürlich auch außerhalb von festgelegten Ruderzeiten treffen, vorausgesetzt, mindestens ein Teammitglied hat die nötigen Kenntnisse, um ein Boot als Bootsführer sicher auf dem Wasser zu bewegen.

6.3.1 Das Fahrtenbuch

Es spielt keine Rolle, wie Mannschaften zusammenkommen, vor der Ausfahrt ist die Eintragung der Fahrt in ein Fahrtenbuch eine unbedingte Pflicht. Sie wird von den Behörden insbesondere für die Gewässer verlangt, auf denen gleichzeitig die Berufsschifffahrt im Güterverkehr oder für Ausflugspublikum unterwegs ist. Auf denen gibt es wie im Straßenverkehr festgelegte Regeln für das Verhalten auf dem Wasser bei der Begegnung von Berufsschifffahrt mit Sportbooten.

Im Falle von Regelverstößen werden die Eintragungen im Fahrtenbuch dann herangezogen. Für die Identifizierung von Booten müssen diese einen eindeutigen Namen oder eine Nummer tragen, verbunden mit dem Namen des Vereins. Dieser Bootsidentifikation wird zusammen mit den Namen der Ruderer und des im Sportboot Verantwortlichen in das Fahrtenbuch eingetragen, sodass in einem Streitfall anhand von auf dem Wasser notierten Boots- und Vereinsnamen die betroffenen Personen festzustellen sind.

Das klingt jetzt dramatisch, kommt aber erfahrungsgemäß sehr selten vor. Nur wenn es durch den Regelverstoß auf dem Wasser zu Sach- oder Personenschäden gekommen ist, wird von den Behörden auf diesem Weg ermittelt. Dennoch gilt: Keine Ausfahrt ohne vorherige Eintragungen! Denn sie geben einem Verantwortlichen im Verein die Möglichkeit, sich jederzeit darüber zu informieren, welche Boote mit wem auf dem Wasser sind.

In den meisten Vereinen gilt, dass nach Sonnenuntergang alle Fahrten beendet und die Aktiven wieder an Land sein müssen. Ist eine Mannschaft bei Eintritt der Dunkelheit noch nicht im Fahrtenbuch mit dem

Ende der Ausfahrt vermerkt – der Fachmann nennt das „ausgetragen" –, dann wird man im Verein klären, ob hier vielleicht ein Team einen Unfall oder Bootsschaden hatte und Hilfe benötigt oder ob nur das Austragen versehentlich vergessen wurde. Somit dient die korrekte Dokumentation im Fahrtenbuch nicht nur den behördlichen Vorgaben, sondern auch der persönlichen Sicherheit der Sportler.

Das Fahrtenbuch selbst war bis vor einigen Jahren in fast allen Vereinen ein gebundenes Buch im DIN-A4-Format, das an zentraler Stelle in der Bootshalle auslag. Heute steht da meist ein PC, in dem mittels entsprechender Programme die erforderlichen Daten elektronisch erfasst werden. Nach wie vor ist aber auch die gebundene Form des Buchs zulässig.

6.3.2 Das Bootsmaterial

Zur Sicherheit gehört, dass vor einer Ausfahrt das Boot und Material geprüft wird, ob keine Schäden vorliegen. Ein kleiner Kratzer macht nichts aus, eine lockere Verschraubung ist schnell wieder festgezogen. Erfolgt das vor der Ausfahrt aber nicht, kann daraus durch die Belastung des Materials beim Rudern schnell ein größerer Schaden werden, was nicht nur das positive Erlebnis beim Rudern beeinträchtigt, sondern im ungünstigsten Fall auch zu einer Gefahr werden kann. Man muss sich immer vor Augen führen, dass man sich auf dem Wasser bewegt und das Boot der wichtigste Gegenstand ist, um am Ende einer Ausfahrt auch sicher wieder an Land zu kommen.

Ist man auf einem See ein oder zwei Kilometer vom Ufer entfernt, was mit einem Boot nur wenige Minuten dauert, kann diese Distanz bei einer Kenterung oder dem Vollschlagen des Bootes ohne Hilfe schwimmend schon zum großen Problem werden. Dies gilt insbesondere im Winter und Frühjahr, wenn die Wassertemperaturen noch niedrig sind. Deshalb, dem Eintragen der Ausfahrt und dem Durchchecken des Materials sollte man vor der Ausfahrt immer die nötige Aufmerksamkeit schenken, es kann im schlimmsten Fall lebensrettend sein.

Ist das alles erledigt, geht es mit Boot und Skulls bzw. Riemen von der Bootshalle zum Wasser auf den in den meisten Vereinen vorhandenen Bootssteg. Ganz selten, wie etwa auf der gezeitenabhängigen Themse in England, müssen Vereine aufgrund des ständig wechselnden Wasserstandes auf einen Steg verzichten. Dort steigt man gleich vom seichten Ufer aus ins Boot. Das wird entweder von der Halle zum Steg getragen oder, wenn der Weg etwas weiter ist, die Vereine verfügen über kleine Bootswagen, mit denen man die schwereren Gigboote samt Material bequem transportieren kann. Vom Steg aus wird das Boot ins Wasser gesetzt, Skulls bzw. Riemen in die Dollen eingelegt und gegebenenfalls das Steuer am Heck des Boots eingelegt. Die Ausfahrt kann losgehen.

6.3.3 Die Ruderstrecke

Jeder Verein hat seine „Hausstrecke", auf der man unterwegs ist. Die kann unterschiedlich lang sein, je nachdem, wie viel Zeit man sich für die Ausfahrt nimmt. Einige Vereine liegen direkt an den künstlich angelegten Regattastrecken, hier ist man dann auf die rund 2.000 Meter beschränkt, die man aber mit Wenden mehrfach zurücklegen kann.

Auf Flüssen mit Strömung wird bei den meisten Klubs zunächst stromauf gefahren, um die am Anfang noch frischen Kräfte einzusetzen. Bei der Rückfahrt hat man es durch die Kraft der Strömung etwas einfacher. Auf stehenden Gewässern sind es Ufer, Schleusen oder andere Bauwerke, die eine Ruderstrecke begrenzen oder markieren können, da findet man eine Vielfalt von örtlichen Gegebenheiten, über die in den Klubs die Hausstrecke definiert wird. Als Anfänger ist man nach ein paar Ausfahrten schnell mit den Distanzen und Eigenarten des Reviers vertraut.

6.3.4 Ende der Ausfahrt

Hat man sein selbstgestecktes Ruderpensum erreicht, legt man wieder am Steg an, Boot und Material werden zurück zur Bootshalle gebracht. Vor der befindet sich bei fast allen Vereinen der Bootsplatz. Hier legt man das benutzte Boot ab, dafür gibt es Gestelle, die **Böcke** genannt werden. Entweder liegt das Boot mit dem Außenkiel nach oben darauf oder man verwendet Gurtböcke, in denen das Boot mit dem Kiel nach unten eingelegt werden kann.

Was dann folgt, ist nicht nur Ehrensache gegenüber den Vereinskameraden, die das gerade genutzte Boot vielleicht am nächsten Tag rudern wollen, sondern auch ein wichtiger Punkt zum Erhalt und zur Pflege des Materials. Das wird mit klarem Wasser aus einem Schlauch abgespritzt und anschließend mit Tüchern abgewischt. Damit wird sichergestellt, dass auf dem Bootsrumpf keine Rückstände von natürlichen oder künstlichen Stoffen verbleiben, die sich in nahezu jedem befahrenen Gewässer befinden.

Diese Stoffe müssen gesundheitlich gar nicht gefährdend sein – dann sollte man auf dem Gewässer ohnehin keinen Wassersport betreiben –, sie können aber zu einer schnellen Alterung der beim Bootsbau verwendeten Materialien beitragen und so die Lebenszeit eines Boots verkürzen. Da eine Anschaffung neuer Boote meist die Vereinskasse außergewöhnlich belastet und deshalb auch mit Spenden, öffentlicher Förderung oder durch Sponsoren nur alle paar Jahre möglich ist, sind die Klubs besonders daran interessiert, ihren „Fuhrpark" möglichst lange gut in Schuss zu halten. Die Reinigung und Pflege nach jeder Ausfahrt trägt einen großen Teil dazu bei.

Ist alles sauber, wird die Fahrt mit den Angaben zu den gefahrenen Kilometern ordentlich im Fahrtenbuch ausgetragen. Dazu gehört auch, dass während der Ausfahrt aufgetretene Schäden oder Verschleißerscheinungen mit vermerkt werden. So kann der zuständige Bootswart solche Schäden schnell erkennen und das betroffene Boot bis zur Durchführung einer Reparatur für den Ruderbetrieb sperren. Ist das alles erledigt, kann man sich der eigenen Körperpflege und danach zusammen mit den Sportkameraden auch gerne der leiblichen Stärkung widmen.

Als Leitfaden gilt in vielen Vereinen: „Erst das Boot, dann der Ruderer!" Hält sich jeder daran, findet man auch bei jeder Ausfahrt intakte und saubere Boote vor und kann seine Ausfahrt ohne technische oder hygienische Beeinträchtigungen genießen. Da die Nutzung der Boote durch alle Aktiven eines Vereins erfolgt, trägt die Beachtung solcher Regeln nicht selten zum „sozialen Klima" im Klub bei. Und gerade für Kinder und Jugendliche ist es auch eine gute Schule, mit ihnen anvertrautem Gemeinschaftseigentum möglichst pfleglich umzugehen.

Eine Ruderausfahrt als regelmäßig betriebener Sport zur eigenen Fitness ist also schon etwas mehr Aufwand, als für andere Sportarten nötig ist. Doch das Erlebnis auf dem Wasser, allein oder in der Gemeinschaft eines Teams, zusammen mit den immer wieder neuen Eindrücken im Umfeld des Gewässers wiegen diesen Mehraufwand schnell auf. Vieles ist bald Routine und nimmt weit weniger Zeit in Anspruch, als sich aus dem Lesen dieser Beschreibung vermuten lässt.

6.4 AUF DEM WASSER WANDERN

Es wird jetzt an dieser Stelle nicht esoterisch oder religiös, aber Rudern ermöglicht es auch, auf dem Wasser zu wandern. Natürlich im Boot sitzend und dann einem Flussverlauf folgend oder rund um einen großen See. Schon im späten 19. Jahrhundert wurde dafür der Begriff „Wanderrudern" geprägt, der bis heute unverändert ist. Diese Form des Ruderns bietet im Freizeitbereich zahlreiche Möglichkeiten zur Bewegung auf dem Wasser, zum Bereisen vieler Regionen mit der Ansicht aus einer ganz anderen Perspektive bis hin zu einem sehr naturverbundenen Urlaub für die ganze Familie.

6.4.1 Tagesfahrt

Die kürzeste Form des Wanderruderns ist die Tagesfahrt. Statt nur ein oder zwei Stunden für die eigene Fitness auf dem Wasser zu sein, ist man hier den ganzen Tag unterwegs und legt dabei eine längere Strecke zurück. Meist ist das eigene Bootshaus dafür der Start- und/oder Endpunkt der Tour. Im ersten Fall ist die Organisation einer Tagesfahrt relativ einfach. Wer mitfahren möchte, kommt zum Bootshaus, von dort aus geht es los zu einem vorher vereinbarten Platz. Das kann eine Wiese für ein vorbereitetes Picknick oder eine gastronomische Einrichtung zur Einkehr sein. Nach der Pause geht es zurück zum Bootshaus, dort werden, wie bereits beschrieben, die Boote versorgt und der Tag kann ganz individuell oder auch in der Gruppe ausklingen.

Etwas aufwendiger ist die Organisation, wenn Start oder Ziel der Fahrt nicht am Heimatort ist. Dann müssen die Boote und die Teilnehmer an der Tour mindestens über eine Strecke mit Fahrzeugen transportiert werden. Für die Boote und das Material verfügen alle Vereine über spezielle Anhänger, die mit einem größeren PKW oder dem vereinseigenen Kleinbus gezogen werden können. Damit bringt man das Material zum Ausgangspunkt der Tour oder holt es vom Endpunkt wieder ab. Die Aktiven legen diese Fahrten ebenfalls mit Fahrzeugen oder öffentlichen Verkehrsmitteln zurück, da gibt es regional viele verschiedene Varianten und in jedem Verein bevorzugte Strecken.

Ist der Start der Fahrt nicht am eigenen Bootshaus, verabreden sich die Teilnehmer einen oder mehrere Tage vorher zum Verladen der Boote auf dem Hänger. Eine kleine Gruppe sorgt dann für den Transport und das dortige Abladen des Materials. Entsprechendes ist zu organisieren, wenn der Endpunkt der Fahrt außerhalb liegt. Wie das alles abläuft, wie die Fahrt auf dem Wasser und die Pausen gestaltet werden, kann alles ganz individuell je nach Zusammensetzung der Teilnehmer entschieden werden. Auch da haben die Vereine eine Menge an Ideen entwickelt.

6.4.2 Wochenendfahrt

Die nächste Steigerung einer Ruderausfahrt ist die Wochenendfahrt. Wie der Name schon sagt, ist man hier am Samstag und Sonntag über zwei Tage unterwegs, legt also meist eine noch längere Strecke als bei der

Bootshaus- oder Tagestour zurück. Und für die Teilnehmer ist eine Übernachtung zu organisieren. Die kann ganz unterschiedlich aussehen.

Jugendliche und Naturfreunde zieht es gern ins Zelt oder in die Bootshalle eines auf der Strecke liegenden Rudervereins. Da wird die Luftmatratze und der Schlafsack ausgerollt und man kann meist kostengünstig die Einrichtungen nutzen. Viele Vereine vor allem entlang der großen Flüsse in Deutschland bieten nach vorheriger Anmeldung diese Übernachtungsmöglichkeit in ihren Räumen an.

Wer es etwas bequemer mag, der plant mit einer Pensions- oder Hotelunterkunft, das ist eine Frage des Geldbeutels. Und eine weitere Möglichkeit ergibt sich in einer Region mit guten Verkehrsanbindungen. Da kann man mit dem örtlichen Regionalverkehr zurück zum Heimatort fahren, zu Hause im eigenen Bett schlafen und am nächsten Tag nach der Rückfahrt zu den Booten die Fahrt fortsetzen.

Auch bei dieser Form der Wanderfahrt sind den Ideen der Protagonisten kaum Grenzen gesetzt. In den Vereinen finden sich immer einige Mitglieder, die für die nötige Organisation von Transporten, Verpflegung und Unterkunft sorgen.

6.4.3 Wanderfahrt

Alle Fahrten, die über zwei Tage hinausgehen, sind die Wanderfahrten. Das kann sein ein verlängertes Wochenende über drei oder vier Tage oder es geht im Urlaub gleich über eine Woche oder länger hinaus. Vor allem für junge Aktive, die noch ohne eigenes Einkommen sind, ist das eine relativ günstige Form eines abwechslungs- und erlebnisreichen Urlaubs. Aber auch ältere Ruderer fahren oft schon seit Jahrzehnten mit ihrem Freundeskreis mindestens einmal im Jahr auf eine Wanderfahrt auf Strecken im In- und Ausland.

Diese werden dann im Vorfeld anhand von verfügbarer Literatur für Wassersportler oder mit Informationen aus dem Internet geplant und organisiert, so wie es bei den Wochenendfahrten beschrieben ist. Nur auf die

Übernachtung zu Hause wird dann zugunsten der Abende in einer geselligen Runde am Zielort einer Tagesetappe verzichtet. Längere Fahrten werden gerne von einem Landdienst begleitet, der für den Transport des Gepäcks und die Verpflegung an einem verabredeten Punkt für die Mittagspause sorgt. Da ist jeder Teilnehmer an einer Wanderfahrt mal für einen Tag dran, das spielt sich in solchen Fahrtengruppen schnell ein.

Wanderrudern ist also eine Art Wassertouristik im Rudersport. Die hier erwähnten Abläufe sind nur einfache Beispiele der Grundlagen für diese Fahrten. Sie finden zu Tausenden in jedem Jahr statt und geben so den Teilnehmern die Möglichkeit, die befahrenen Regionen mit dem Blickwinkel vom Wasser aus kennenzulernen. Was für den Leistungssportler der Sieg in einem Rennen ist, bedeutet für den Wanderruderer das Befahren eines neuen, bisher für ihn unbekannten Gewässers, das gemeinsame Erlebnis in der Gruppe und die vielen Begegnungen mit und in den befahrenen Regionen. Und nicht zuletzt sammelt man viele Erfahrungen im Umgang mit den Booten und den Verhältnissen auf dem Wasser, die für das verantwortungsvolle Verhalten als Bootsführer nötig sind.

Das befähigt zur Organisation und Leitung einer Wanderfahrt. Die Hierarchien in einer solchen Gruppe sind eher flach, für jedes Boot gibt es einen entsprechend erfahrenen Obmann und wenn es dann doch mal etwas zu klären gibt mit den besuchten Unterkünften, an den Schleusen auf Flüssen oder mit anderen Partnern, denen man auf der Fahrt begegnet, dann ist der Fahrtenleiter der erste Ansprechpartner.

Wer Interesse hat, auch mal andere Ruderreviere kennenzulernen, für die eine Organisation aus dem eigenen Verein zu aufwendig wäre, kann sich auch für Fahrten des Deutschen Ruderverbandes oder des internationalen Verbandes FISA anmelden. Beide bieten im Jahresverlauf eine Vielzahl von Fahrten an, die offen für Ruderer aus allen Vereinen ausgeschrieben werden.

Hier sind dann Fahrtenleiter mit guten Kenntnissen über die befahrenen Gewässer dabei, als Bootsmaterial werden verschiedene Boote aus den Beständen des DRV eingesetzt. Der hat über ganz Deutschland vor allem an den vielbefahrenen Flüssen verbandseigene Boote in der Obhut der örtlichen Vereine stationiert. Die Organisation der Transporte, für die Übernachtungen und Verpflegungen und oft auch ein Besichtigungsprogramm in der befahrenen Region gehören mit zum Programm, das in der Fahrt für die Teilnehmer enthalten ist.

Wen es dann für eine Fahrt ins Ausland zieht, findet auch hier jährlich viele Möglichkeiten. Eine der schon über 50 Jahre bestehenden Organisationen ist die Teilnahme der deutschen Ruderer an der Tour International Danubien, kurz TID genannt. Sie führt auf der Donau von Ingolstadt bis zur Mündung ins Schwarze Meer über insgesamt 2.500 km. Die sind aufgeteilt in mehrere Abschnitte, an denen man dann jeweils in die Tour ein- oder aussteigen kann. Wer von Juni bis September über genügend Zeit verfügt, kann auch die gesamte Strecke mitfahren. Viele Teilnehmer verteilen das aber auf mehrere Jahre, in denen sie immer wieder bei für sie neuen Teilabschnitten mitfahren und so am Ende auch den gesamten Donauverlauf einmal komplett zurückgelegt haben.

Die FISA bietet jährlich eine große Fahrt international an, die dann in einem der Mitgliedsländer stattfindet. Das sind dann je nach Fahrtgebiet recht aufwendige Reisen, für alle Teilnehmer aber auch ein Erlebnis, das ihren Ruderhorizont meist erheblich erweitert. Die Organisation liegt in den Händen der örtlichen Ruderer, die in Absprache mit der FISA-Wanderruderkommission die Fahrt planen und alle organisatorischen Vorbereitungen treffen. Hier steht neben der Sicherheit auf den befahrenen Gewässern vor allem die Gesundheit der Teilnehmer ganz oben auf der Anforderungsliste.

Denn eines sei am Ende dieses Kapitels auch noch erwähnt: Wie im Leistungssport sollten auch im Wanderrudern die Aktiven die körperlichen Belastungen nicht unterschätzen. Auch das ist Sport, für den ein Mindestmaß an körperlicher Fitness vorhanden sein sollte. Gerade wenn es mal über eine längere Etappe geht und man vielleicht gegen Wind und Wetter etwas ankämpfen muss, sind auch im Wanderrudern die beiden Grundelemente des Ruderns, Kraft und Ausdauer, gefragt. Deshalb sollte man im Wanderrudern mit kürzeren Touren beginnen und dann von Mal zu Mal die Etappen und ihre Herausforderungen steigern.

Auch wenn ein Etappentag von der Fahrtenleitung gut geplant ist, kann es u. a. an den Schleusen auf Flüssen oder durch das Wetter im Tagesverlauf zu Verzögerungen kommen, die am Ende durch intensive Ruderarbeit im Boot wieder herausgeholt werden müssen. Doch genau solche Erlebnisse sind es, die eine Rudergruppe zusammenschweißen und über die man dann im Freundeskreis noch lange spricht.

6.5 BREITENSPORTLICHE WETTBEWERBE

Im Breitensport geht es natürlich nicht vorrangig um Siege, Medaillen oder Titel. Aber dennoch gibt es im breitensportlichen Rudern den einen oder anderen Wettbewerb, an dem viele Aktive gerne teilnehmen. Einige davon seien in diesem Kapitel beispielhaft beschrieben.

Die größte jährlich stattfindende Aktion ist der Wanderruderwettbewerb des Deutschen Ruderverbandes. Dieser legt für die verschiedenen Altersklassen, getrennt nach männlich und weiblich, jeweils eine Anzahl von Kilometern fest, die innerhalb eines Kalenderjahres zurückgelegt werden müssen. Ein Anteil davon ist auf mehrtägigen Fahrten, also Wochenend- oder Wanderfahrten, zu absolvieren. Der Nachweis darüber ist durch die in den Vereinen gepflegten Fahrtenbücher zu führen. Hier werden nicht nur die täglichen Fahrten auf den Hausstrecken eingetragen, sondern auch die längeren Touren mit Start- und Zielpunkt und der insgesamt zurücklegten Kilometerzahl.

Alle Fahrtenbucheintragungen werden zu Beginn eines neuen Jahres von den Vereinen ausgewertet, für jeden Aktiven wird die Summe der zurückgelegten Kilometer ermittelt und die Anzahl und Art der Fahrten benannt. In vielen Vereinen werden solche Zusammenfassungen monatlich oder quartalsmäßig erstellt und durch einen Aushang an einem Infobrett oder im vereinsinternen Bereich des Internets veröffentlicht. Das gibt den Protagonisten u. a. einen Überblick, wie viele Kilometer ihnen noch z. B. im Herbst für die Erfüllung der Fahrtenwettbewerbsbedingungen fehlen und welche Fahrtenangebote sie gegebenenfalls noch wahrnehmen können, um die geforderte Kilometerzahl zu erreichen.

Die Liste mit den kompletten Jahresdaten wird dann von jedem Verein an den DRV geschickt für die Mitglieder, die die Bedingungen erfüllt haben. Für sie gibt es das Fahrtenabzeichen. Das ist eine Anstecknadel, die bei den eifrigen Wanderruderern durchaus begehrt ist. Wer über mehrere Jahre oder gar Jahrzehnte die Bedingungen erfüllt, erhält alle fünf Jahre eine Nadel mit entsprechender Anzahl der bis dahin gesammelten Abzeichen. Und wer in seinem Ruderleben mehr als 40.077 km zurücklegt, wird vom DRV mit dem Äquatorpreis geehrt. Das Fahrtenabzeichen ist also die Verbandsauszeichnung des DRV für alle aktiven Wanderruderer, das man in jedem Jahr neu erlangen kann.

Aber auch im Breitensport braucht man nicht auf eine Regattaatmosphäre verzichten. Und dafür muss man nicht in ein leistungssportliches Training einsteigen. Denn es gibt ähnlich wie die Volks- und Jedermannläufe für die ambitionierten Jogger auch im Rudern eine Vielzahl von Touren und Fahrten, die unter Wettbewerbsbedingungen durchgeführt werden. In dieser Rubrik finden sich verschiedene Varianten der Herausforderung.

Entweder sind verschieden lange Strecken im Rahmen eines vorgegebenen Zeitlimits zurückzulegen und es gibt für alle erfolgreichen Teilnehmer jeweils eine Auszeichnung in verschiedenen Kategorien. Oder es fahren alle Boote über eine festgelegte Strecke gegen die Uhr und am Ende werden die Ergebnisse in den verschiedenen Alters- und Bootsklassen ausgewertet und die Besten entsprechend geehrt.

Hier gibt es eine Vielzahl von Veranstaltungen, die alle ihren ganz eigenen Charakter haben. Beispielhaft sei für die erste Variante der alljährliche Wesermarathon genannt, bei dem man 50, 80 oder 135 Kilometer an einem Tag zurücklegen kann und dann mit Abzeichen in Bronze, Silber oder Gold belohnt wird. Die Regatta „Rund um den Genfer See" mit ca. 160 Kilometern, die EUREGA mit 100 Kilometern auf dem Rhein von St. Goar nach Bonn oder auch der Rheinmarathon über 42,8 Kilometer ebenfalls auf dem Rhein von Leverkusen nach Düsseldorf sollen hier stellvertretend für die Fahrten gegen die Uhr genannt sein.

Auch sie werden alljährlich ausgeschrieben und finden Teilnehmerfelder mit z. T. 100 und mehr Booten, wobei der Vierer mit St. die meistgenutzte Bootsklasse ist. Sie bietet unterwegs die Möglichkeit für einen Wechsel im Team, sodass sich immer ein Aktiver auf dem Steuersitz etwas erholen kann.

Die Darstellung der vielen Angebote im Rudern als Breitensport in diesem Kapitel ist nur eine grobe Übersicht über die vielen Aktivitäten, die von den Vereinen im In- und Ausland angeboten werden. Wie im Rennsport sind auch bei dieser Form des Ruderns die jährlichen Kalender mit den ausgeschriebenen Fahrten gut gefüllt. Rudern als Freizeit- und Breitensport ist nicht nur einfache körperliche Ertüchtigung, sondern für viele Aktive ein intensiver und erlebnisreicher Bestandteil ihres Alltags.

★ 7 ★

BESONDERE FORMEN DES RUDERSPORTS

Rudern als Wassersport auszuüben, ist eine Selbstverständlichkeit. Doch Wasser ist nicht gleich Wasser. Überwiegend sind es relativ ruhige Seen, Flüsse oder Kanäle, auf denen Ruderer unterwegs sind. Aber es gibt auch andere Formen, die im Laufe der Jahre nicht nur viele Freunde gefunden haben, sondern auch die ursprüngliche Form des Ruderns in den Beibooten großer Ozeansegler der vergangenen Jahrhunderte in unsere Zeit portieren. Und es gibt auch ein Rudern ganz ohne Wasser, auf einem Ergometer ganz im Trockenen.

7.1 DAS ERGOMETERRUDERN

Rudern ist inzwischen ein Ganzjahressport, die Fertigung witterungsbeständiger Kleidung aus modernen Materialien hat maßgeblich dazu beigetragen. Das gilt zumindest für die klimatisch gemäßigten Regionen der Erde, in denen die Gewässer nicht über längere Zeit im Winter zugefroren sind. Genau dieses Problem mit dem Eisgang und den winterlichen Temperaturen war der Aufhänger für die Entwicklung eines Geräts, das heute aus dem Rudersport nicht mehr wegzudenken ist, das Ruderergometer.

Erfunden wurde es von Dick und Peter Dreissigacker, einem amerikanischen Brüderpaar, das sich eigentlich für die US-Rudermannschaft für die Olympischen Spiele 1976 qualifizieren wollte. Das aber schafften sie nicht, was ihrem Engagement für die Sportart aber keinen Abbruch tat. Schon seit Längerem hatten sie sich mit der Verbesserung von Riemen und Skulls beschäftigt und als Erste beim Bau der Schäfte Kohlefasermaterial eingesetzt. Das hatte Erfolg, die Gewichtsersparnis bei Riemen und Skulls erleichterte die Führung im Wasser und durch die Luft.

Die Brüder gründeten die Firma *Concept2* und boten ihre Ruder weltweit an. Parallel dazu suchten sie nach einer Möglichkeit, auch bei winterlichen Bedingungen das Training nicht nur durch Kraft- und Ausdauereinheiten außerhalb des Boots zu gestalten, sondern auch die Dynamik und Koordination des technisch sauber ausgeführten Ruderschlags üben zu können. Fahrradergometer waren bereits für das Konditionstraining im Einsatz und das war für Peter die Basis für ein neuartiges Rudergerät.

Er stellte das Fahrrad auf den Kopf, befestigte Lenker und Sattel auf dem Boden, teilte die Kette und verband sie auf der einen Seite mit einem Griff und auf der anderen mit einem Gummiseil zum Rückzug. So trieb er das hintere Rad mit der Kraft der Arme an. Um den Druck beim Zug zu erhöhen, wurden kleine Flügel an den Speichen befestigt, die den Luftwiderstand beim Drehen des Rades erhöhten.

Der Prototyp des Ruderergometers war erfunden und bald so weit mit Rollschiene und -sitz ergänzt, dass man darauf einen Ruderschlag simulieren und den gesamten Körper zum Einsatz bringen konnte.

Dieser Prototyp wurde in den folgenden Jahren immer weiterentwickelt, heute sind moderne Geräte im Einsatz, die mit Sensoren und kleinen Computern auf einem Display eine Menge an Daten dem trainierenden Ruderer direkt anzeigen und auch Möglichkeiten für eine längere individuelle Trainingsdokumentation bieten. Dem technischen Fortschritt sind hier noch keine Grenzen gesetzt, immer weitere Funktionen für Rennsimulationen und Variationen für das eigene Training kommen regelmäßig bei Produktupdates hinzu. Auch andere Hersteller von Sportgeräten bieten inzwischen Ruderergometer an, die sich für ein regelmäßiges Training zu Hause, im Fitnessstudio oder im Sportbereich eines Hotels gut eignen.

In den Rudervereinen hat sich weltweit die Produktlinie von *Concept2* durchgesetzt und ist heute in vielen Bootshäusern der Standard. Hier wird nicht nur trainiert, wenn die Witterung keine Ausfahrt im Freien zulässt. Hier lernen auch gerne Anfänger die ersten Schritte der Koordination der Ruderbewegung und können auf dem Display den eigenen Fortschritt bei Schlagfrequenz oder bei zunehmendem Krafteinsatz selbst kontrollieren.

Inzwischen bieten viele Vereine für ihre Sportgruppen zusätzlich das Gruppentraining auf dem Ergometer an. Da werden ein paar Geräte in der Reihe oder im Halbkreis aufgestellt, auf einem weiteren Ergometer gibt ein Trainer, unterstützt durch mitreißende Musik, die Frequenz der Schläge und die Intervalle im Einsatz der Kraft an.

Gruppendynamiken, die sich anfänglich durch die Aerobicwelle in der Sportwelt etabliert haben, sind längst auch beim Rudern auf dem Ergometer angekommen. Und auch da bietet die Entwicklung im weltweiten Datennetz immer neue Formen, bei denen die Aktiven sich aus dem eigenen Wohnzimmer per Internet mit anderen Sportlern digital verbinden, um dann gemeinsam zu trainieren oder auch gegeneinander virtuelle Rennen zu fahren.

Der Wettkampf hat beim Ergometerrudern längst seinen festen Platz. Denn kaum hatten die Dreissigacker-Brüder die Maschinen Anfang der 1980er-Jahre auf dem Markt, fand die erste Indoorregatta statt. Die Wiege dazu stand in Boston beim CRASH-B-Club, wo die Studierenden der dortigen renommierten Universitäten immer wieder nach neuen Herausforderungen für ihr eigenes sportliches Treiben suchten.

Aus dem ersten kleinen Rennen auf den Ruderergometern 1982 wurde schnell ein großer Event, bei dem inzwischen einige tausend Aktive aus aller Welt alljährlich zusammenkommen und in den internationalen Altersklassen gegeneinander antreten. Besonders ist dabei der jeweils zu gewinnende Preis, der für den Sieger nicht aus einer üblichen Medaille, sondern aus einem amerikanischen Zimmermannshammer besteht.

Je mehr sich diese Indoorregatta in Boston vergrößerte, desto mehr wurde sie zur zunächst inoffiziellen Weltmeisterschaft auf dem Ergometer. Inzwischen hat der Weltverband FISA den offiziellen Titel einer EM und WM eingeführt und den Wettbewerb als offene Veranstaltung ausgeschrieben. Damit können sich auch andere Veranstalter für die Ausrichtung einer Titelregatta auf dem Trockenen bewerben, was dieser Form des Ruderns zusätzliche Attraktivität beschert. Denn, was in Boston begann, haben andere Vereine und Verbände längst übernommen.

Auch in Deutschland gibt es vor allem im Spätherbst und Winter zahlreiche Ergometerevents, einige davon auch mit großer Bühne für die Aktiven und mit zusätzlichem Rahmenprogramm. Und natürlich werden auch Rennserien an verschiedenen Standorten als nationale Meisterschaften ausgetragen. Manch ein Aktiver hat sich da zum Spezialisten für das Ergometerrudern entwickelt.

Am Anfang stand die simple Idee, auch im Winter irgendwie im Trockenen rudern zu können. Geworden ist daraus eine weltumspannende Bewegung, in der man nicht nur aktive Ruderer findet, sondern auch zahlreiche Sportler, die wohl nie im Leben in ein Boot steigen werden. Auch sie sind bei den meisten offiziellen Wettbewerben der Rudervereine und -verbände als Teilnehmer zugelassen und immer mal wieder zeigen sie den etablierten Wassersportlern, wo der Hammer hängt.

7.2 KÜSTENRUDERN

Eine ganz eigene Art des Ruderns hat in den letzten Jahren immer mehr Freunde bei den aktiven Wassersportlern gefunden, das Küstenrudern. Als Vorbild dafür können die Rettungsschwimmer an den Küsten Australiens angesehen werden, die sich mit ihren breiten Booten in die Brandungswellen werfen, um Schwimmern oder Surfern in einer Notlage zu Hilfe zu kommen. Meist sind vier Ruderer und ein Steuermann an Bord und es entstehen dabei spektakuläre Bilder.

Natürlich entwickelten sich auch gerade bei den Übungsfahrten Rennen zwischen den einzelnen Rettungsteams. Historische Wettbewerbe mit größeren Booten gibt es nicht zuletzt schon seit Jahrzehnten im Mittelmeerraum. Sie alle können als Ursprung für die heutige Form des internationalen Küstenruderns betrachtet werden.

Das klassische Rennrudern, das vor allem in Europa betrieben wurde, stand rund 100 Jahre im Mittelpunkt der nationalen Sportorganisationen und des internationalen Ruderverbandes FISA. Der Verband erkannte in den 1980er-Jahren eine gewisse Stagnation in der Entwicklung der Sportart. Zwar gab es immer mal wieder Veränderungen in den Bootsklassen und Programmen der großen Wettkämpfe, aber vor allem die Jugendlichen wandten sich doch immer mehr den Trendsportarten zu. Die FISA suchte nach Alternativen zu ihrem bisherigen Verständnis des Ruderns und fand diese bei Ländern im pazifischen Raum sowie am Mittelmeer.

Dort waren in den Küstenregionen die ruhigen Binnengewässer, auf denen man mit den üblichen Booten hätte fahren können, weit entfernt. Dennoch wurde Rudersport betrieben, aber in Booten, deren Bauform breiter und die am Heck offen ist, damit das durch Wellen aufgenommene Wasser sofort wieder abfließen kann. Solche Boote gab es vor allem in Frankreich, Italien und Spanien und in vielen Vereinen wurde intensiv auf dem Mittelmeer davon Gebrauch gemacht.

Da die FISA ohnehin weitere Mitgliedsnationen suchte, um ihren Status in der Sportwelt zu festigen, widmete sie sich ab dem Jahr 2000 intensiver dem Küstenrudern und richtete dabei den Blick auch auf kleine Nationen der Kontinente außerhalb Europas.

Inzwischen ist diese Form des Wassersports zu einem festen Bestandteil des Welt-Rudersports unter der Bezeichnung **Coastal-Rowing** geworden. In den traditionellen Ruderverbänden haben sich Initiativen, Vereine und ein System von regelmäßigen Wettkämpfen in diesen Bootsklassen etabliert. In Deutschland findet man ein Angebot in den Städten und Regionen, vor allem an der Nordsee. Nicht zuletzt haben auch Aktive der meist wellenbewegten Flüsse wie etwa dem Rhein bereits erfolgreich an den offiziellen Rennen im Küstenrudern teilgenommen.

Als Bootsklassen kommen der Einer, der Doppelzweier und der Doppelvierer zum Einsatz. Besonders sind dabei die Ruderstrecken, denn gestartet wird bei der klassischen Form des Küstenruderns fliegend über eine mit Bojen markierte Linie. Durchfahren wird ein Dreieckskurs mit Überfahren einer markierten Ziellinie. Hier ist die Regattaform sehr an den Segelsport angelehnt. Eine inzwischen sehr populäre Wettkampfform ist der **Beach Sprint**, bei dem eine große Zielglocke zum Einsatz kommt.

Start und Fahrt auf dem Kurs sind gleich dem Ablauf der klassischen Form. Am Ende der Zielgeraden landen die Boote aber mit dem Bug auf einem Strand an, ein Mitglied einer Mannschaft springt heraus, rennt einige Meter zu eben jener dort installierten Zielglocke und mit dem Anschlagen der Glocke wird das Rennen für die Mannschaft beendet. Durch diese Form der Rennen ergeben sich nicht nur spektakuläre Szenen und Herausforderungen für die Teams auf dem Wasser, sondern auch ein von den Zuschauern an Land gut zu verfolgender Zielsprint um die besten Ergebnisse.

Wie meist bei Ruderwettkämpfen, wurden solche Rennen zunächst als offene internationale Wettbewerbe ausgefahren, bei denen im Verlauf der Jahre auch immer mehr Teilnehmer aus Deutschland erfolgreich anzutreffen waren. Seit 2007 gibt es offizielle Coastal-Rowing-Weltmeisterschaften nach festgelegten FISA-Regeln, was dem Küstenrudern noch einmal einen zusätzlichen Auftrieb und der gesamten Sportart Rudern neue Attraktivität gegeben hat.

7.3 RUDERN IN KIRCHBOOT UND BARKE

Besondere Boote kommen also beim Küstenrudern zum Einsatz. Auch in diesem Kapitel geht es um zwei weitere Bootsformen, die weniger für Rennen, sondern vor allem im Wanderrudern eingesetzt werden.

Widmen wir uns zunächst dem **Kirchboot**. Es hat seinen Ursprung in Finnland, wo es seit dem 17. Jahrhundert zum Einsatz kommt. Das hoch im Norden Europas gelegene Finnland ist bekanntlich von vielen Seen und großen Wasserflächen geprägt. Die an den Ufern liegenden Dörfer und Gemeinden waren in früheren Jahrhunderten selten auf dem Landweg zu erreichen.

Um dennoch den Einwohnern aus diesen meist kleinen Ansammlungen von Häusern in der Zeit der Reformation den Kirchgang zu ermöglichen, entwickelte man auf der Grundlage der alten Wikingerschiffe lange Holzboote, die bis zu 150 Menschen Platz boten und mit vielen Bänken versehen rudernd eine recht große Geschwindigkeit aufnehmen konnten. So wurden die wöchentlichen Fahrten zur nächstgelegenen Kirchengemeinde bald auch zu kleinen Wettfahrten der Dörfer untereinander, aus denen sich neben dem Einsatz der Boote für Transporte auch regelmäßige Regatten entwickelten.

Die Grundbauform der Boote mit spitzem Bug und Heck hat sich bis heute erhalten, mit dem Ausbau der Straßen kamen sie aber immer seltener zum ursprünglichen Einsatz. Um 1960 besannen sich die Finnen rund um die Gemeinde Sulkava ihrer alten Kirchboottradition. Eine Regatta über Strecken bis zu 60 Kilometer wurde einige Jahre später auf der Saimaa-

Seenplatte ins Leben gerufen und seit 1980 hat sich für diese Fahrten eine Form der Boote mit 14 Ruderplätzen und einem Steuersitz durchgesetzt.

Die Boote werden klassisch aus Holzplanken gebaut, wiegen um die 300 Kilogramm, können dennoch durch ein eingespieltes Ruderteam auf eine Geschwindigkeit von bis zu 20 Stundenkilometern gebracht werden. Die Ruderer sitzen im ca. 12 Meter langen und knapp zwei Meter breiten Kirchboot jeweils zu zweit nebeneinander und nutzen auf ihrer Seite einen Ruderriemen. In den ersten Booten dieser Form waren feste Ruderbänke eingebaut, auf denen die Ruderer mit eingefetteten Lederhosen hin- und herrutschten. Die Ruderriemen waren an festen Stiften auf der Bordwand befestigt und ließen sich nicht auf- und abdrehen.

Nachdem die Boote auch in anderen Ländern Freunde fanden und vor allem in Deutschland auf den größeren und durch die Berufsschifffahrt meist welligen Flüssen und großen Seen zum Einsatz kamen, wurden die Ruderbänke ersetzt durch Einbauten mit Rollsitzen und die Stifte durch bewegliche Dollen. Statt der klassischen, sehr schmalen und aus einem Stück gefertigten Ruderriemen kommen heute die modernen Riemenausführungen zum Einsatz. Gesteuert wird das Boot im Heck durch ein großes Steuerblatt, das über eine Stange (Pinne) mit Griff vom Steuermann in beide Richtungen bewegt werden kann.

Beliebt sind Kirchboote besonders bei längeren Fahrten, da sie für alle 15 Mitfahrenden genügend Platz bieten und man sich unterwegs bei einem eher gemütlichen Ruderschlag noch gut unterhalten kann. Immer mal wieder gibt es auch Breitensportveranstaltungen, bei denen Kirchbootrennen ausgefahren werden.

Der zweite bei Wanderfahrern beliebte Bootstyp ist die **Ruderbarke**. Auch hier befinden sich jeweils zwei Ruderplätze nebeneinander, es sind aber insgesamt nur acht. Die Besonderheit der Barke besteht in ihrer Bauform. Sie ist ca. 11 Meter lang und 1,9 Meter breit auf Höhe der Ruderplätze. Das Heck läuft nicht wie bei Booten sonst üblich, in spitzer Form zusammen, sondern die Breite des Boots zieht sich bis dorthin durch. Damit ist nicht nur ein einzelner Sitz für den Steuermann installiert, sondern eine breite Bank, auf der meist bis zu drei Personen Platz finden.

Zwischen den Ruderplätzen befindet sich ein durchgehender Staukasten mit mehreren Deckeln, sodass Tagesgepäck (Wechsel- oder Regenkleidung) sowie Verpflegung und Getränke dort für jeden an Bord gut erreichbar mitgeführt werden können. Eine Besonderheit bei den Barken sind die festen Decks über den Stauräumen im Bug und am Heck. Diese werden wegen ihrer Größe und Stabilität gerne mal bei Ruderpausen als „Sonnendeck" genutzt.

Einen Nachteil haben Kirchboote und Barken allerdings für den Transport. Beide sind wegen ihrer Größe und Bauform mehrere hundert Kilogramm schwer. Um sie ins Wasser zu setzen oder am Zielort einer Fahrt wieder herauszuholen, benötigt man vor allem bei der Barke meist mehr Personen, als in ihr mitfahren können. Und beide Bootsformen benötigen einen eigenen Anhänger für den Straßentransport, können also meist nicht zusammen mit anderen Wanderruderbooten auf einem Hänger transportiert werden.

Diese Umstände verlangen für Fahrten mit Kirchboot oder Barke einige Vorplanungen und Ortskenntnisse, denn statt der üblichen Stege an Rudervereinen entlang einer Rudertour sollte man für diese beiden Typen lieber feste Rampen an Sporthäfen oder in Absprache mit den Betreibern an Fähren nutzen, was das Handling dieser schweren Gefährte erleichtert.

Wer aber einmal eine längere Fahrt mit einem Kirchboot oder einer Ruderbarke gemacht hat, der weiß die Bequemlichkeit an Bord durchaus zu schätzen und nimmt die Nachteile für den Transport gerne in Kauf.

7.4 RUDERN AUF DEN WELTMEEREN

Das küstennahe Rudern und seine Wettbewerbe sind ja bereits beschrieben worden. Doch es geht noch einen Faktor größer mit dem Rudern über Ozeane. Bekannt sind einige Fahrten über den Pazifik, doch wesentlich öfter wird der Atlantik mit einer Überquerung befahren.

Erstmals erfolgreich gelang das bereits 1896 mit einem damals noch offenen Zweier. 55 Tage benötigten der Amerikaner George Herbo und der Norweger Frank Samuelsen für die etwa 6.000 Kilometer lange Strecke zwischen Manhattan und den britischen Scilly-Inseln. Erst rund 60 Jahre später versuchten es einige Abenteurer nach ihnen erneut, doch einige der etwa 30 Projekte verliefen am Ende erfolglos. Einige Ruderer ertranken oder gelten als verschollen.

Seit 1980 mit der Entwicklung technischer Ausrüstung für das Überleben auf See ist das Interesse an einer Atlantiküberquerung deutlich gestiegen. Und spätestens seit Ende der 1990er-Jahre wurden Wettbewerbe ausgeschrieben, nun sind vor allem zwischen November und März ständig Ruderboote zwischen Europa und der Karibik unterwegs. Dass die meisten davon tatsächlich ankommen, ist den Sicherheitssystemen und dem verpflichtenden Vorbereitungsprogramm, das alle Teilnehmer absolvieren müssen, zu verdanken.

Elektrische Versorgung durch Solarpanel u. a. für Navigationsgeräte zur Positionsbestimmung, Satellitentelefone, Seenotbojen und persönliche Rettungsmittel für alle Mitfahrenden gehören ebenso zur Ausrüstung der Boote, wie Meerwasserentsalzungsanlagen für das Trinkwasser, ausreichende Nahrungsvorräte und natürlich eine kentersichere Bauart.

Durch sie kann kein Wasser in die an Bug und Heck eingebauten Kabinen eindringen. Mit den bisher beschriebenen Formen des Rudersports haben diese Boote und auch die Ziele, die sich die Protagonisten stellen, kaum etwas zu tun. Allein die muskelbetriebene Antriebsform mit verlängerten Skulls oder Riemen und mit dem Rollsitz sowie die Bewegungsform und Körperkoordination sind die verbindenden Elemente.

Trotz der technischen Hilfen ist eine Atlantiküberquerung im Ruderboot alles andere, als ein Spaziergang. Neben Wetter, Wellen und Strömungen kommt bei einer Alleinfahrt die mentale Belastung hinzu, insbesondere in unvorhergesehenen Situationen. Eindrucksvoll hat das Janice Jakait in ihrem Buch *Tosende Stille* beschrieben. Als erste deutsche Frau schaffte sie es zwischen November 2011 und Februar 2012, in 90 Tagen die Strecke zwischen Portugal und Barbados im Einer zurückzulegen.

Große mediale Aufmerksamkeit erzeugte die Fahrt von James Cracknell und Ben Fogle im Winter 2005/2006. Cracknell gehörte zum legendären britischen Vierer-ohne (Fab Four), mit dem er u. a. Olympiasieger wurde. Zusammen mit dem TV-Moderator und Abenteurer Fogle wagte er im Zweier die Fahrt über den Ozean, für die sie 50 Tage benötigten. Und noch recht frisch ist die Tour von vier Hamburgerinnen Anfang des Jahres 2019, bei der sie intensiv von den Medien begleitet wurden und dem das *ZDF* eine eigene mehrteilige Dokumentation widmete.

Von Europa in Richtung Westen ist die am häufigsten gefahrene Atlantikroute der Ruderer auf den Ozeanen. Sie wird begünstigt u. a. durch die in den Wintermonaten herrschenden Wind- und Strömungsbedingungen. Nur ganz selten geht es in die entgegengesetzte Richtung oder über den Pazifik.

So oder so, wer ein solches Abenteuer einmal selbst erleben möchte, muss nicht unbedingt die Sportart Rudern auf dem in diesem Buch beschriebenen klassischen Weg erlernen und betreiben. Das lässt sich auch in die obligatorische mehrmonatige Vorbereitungs- und Trainingszeit leicht einfügen. Aber für viele, die es bisher gewagt haben, ist es weit mehr als nur eine sportliche Leistung. Es sind auch Tage, Wochen und Monate, die das eigene Leben anschließend nachhaltig beeinflussen können.

★ 8 ★

NOCH EINIGE ASPEKTE DES RUDERNS

Rudern ist eine Sportart, die sich nicht in einer geschlossenen Halle oder auf einem eingegrenzten Platz bewegt, sondern überwiegend in der freien Natur. Da spielen nicht nur Fragen des Umweltschutzes, sondern auch der Sicherheit eine gewichtige Rolle für die Aktiven. Rudern ist eine Sportart, die den menschlichen Körper nicht nur im Leistungssport, sondern auch im Freizeitbereich fordert. Aspekte der Medizin und der Gesundheit werden deshalb im Rudern immer wieder durch die Sportmedizin beleuchtet, auch vor dem Hintergrund der immer aktuellen Dopingdiskussion.

Und Rudern ist eine Sportart, die vor allem im Freizeitbereich kein Gefüge einer personell festgelegten Mannschaft erfordert, sondern die Aktive immer wieder in neue Gruppen und Teams zusammenführt. Das nicht nur im Boot, sondern auch vielfach im übrigen Freizeitbereich. Diese Aspekte sollen in dieses abschließende Kapitel einfließen.

8.1 RUDERN UND UMWELT

Wer sich an den Zustand der Gewässer zu Beginn der zweiten Hälfte des 20. Jahrhunderts erinnert, wird in manchen Regionen wohl noch heute erschauern. Viele Flüsse wie der Rhein und seine Nebenflüsse, die Unterläufe von Weser und Elbe sowie die vielen Seen und Kanäle mit ihren meist stillstehenden Gewässern waren von den Einleitungen der Kommunen und der Industrie derart ökologisch belastet, dass der Wassersport auf ihnen von vielen Menschen mit gesundheitlichen Gefährdungen in Zusammenhang gebracht wurde.

Gerade bei Ruderern und Paddlern war das optisch nachvollziehbar. Tauchten sie ihre Blätter ins Wasser, waren die schon nach wenigen Zentimetern unter der Wasseroberfläche durch die vielen Schwebstoffe und Verunreinigungen kaum noch erkennbar. Und auch die unsichtbaren, überwiegend chemischen Stoffe, die über den Wasserweg „entsorgt" wurden, sahen viele Mediziner als Auslöser von Krebs- und anderen Erkrankungen.

Spätestens mit der Gründung politischer Parteien und gesellschaftlicher Initiativen, in deren Programmen der Umweltschutz den Schwerpunkt bildet, wurden diese Themen Bestandteil der öffentlichen Diskussion. Betrachtet man die ökologische Entwicklung der genannten Gewässer in den zurückliegenden rund 40 Jahren, dann hat der Wassersport davon nicht nur profitiert, sondern sich auch über seine Gremien intensiv in die Diskussionen und Aktivitäten eingebracht.

Seit der Gründung der überparteilichen Ausschüsse mit Bürgerbeteiligung in Landtagen und auf Bundesebene arbeiten neben den anderen Wassersportverbänden auch die Ruderer intensiv mit. Einerlei, ob es um die Verbesserung der Wasserqualität durch weniger bzw. geklärte Einleitungen geht, um Bauwerke in Gewässernähe, die Einfluss auf die Umwelt nehmen, oder um die Befahrung der Gewässer in Abwägung von sportlichem Nutzen und berechtigtem Naturschutz geht – in all diesen Fragen sind die Wassersportler und somit auch die Ruderer, ihre Vereine und Verbände in die Diskussionen und Entscheidungen eingebunden.

Nicht immer gelingen Kompromisse, die dem Naturschutz auf der einen und dem muskelbetriebenen Sport auf der anderen Seite gerecht werden. Doch gerade für die Ruderreviere, die meist an den größeren, auch von Wirtschaft und Öffentlichkeit genutzten Wasserflächen liegen, hat dieses Engagement vor allem im Freizeit- und Breitensport positive Wirkung.

Dazu bei tragen die Regeln, die sich die Wassersportverbände für ihre Aktivitäten auf dem Wasser schon früh auferlegt haben. Gerade die Müllentsorgung von Plastik- oder Glasverpackungen, die Schonung von Uferflächen und naturgeschützten Wasserflächen bei Fahrten und die fachgerechte Entsorgung von altem Bootsmaterial aus behandeltem Holz oder Kunststoff bilden zentrale Punkte, die von den Vereinen beachtet werden. Das bezieht sich nicht nur auf die eigenen Touren, sondern auch auf die zahlreichen „Dreck-weg"-Aktivitäten von am Wasser liegenden Städten und Gemeinden, an denen sich die Vereine meist mit einer Vielzahl ihrer Mitglieder beteiligen.

Ein großes Feld in den Umweltdiskussionen nimmt der Bau neuer Anlagen für den Wassersport ein. Hier geht es für den Rudersport vor allem um die Nutzung der künstlichen Regattastrecken, die auf den Seen im Laufe der Jahrzehnte meist in Sand- und Kiesbaggergebieten angelegt wurden. Sie sind heute nicht nur Zentren für den Leistungssport in Training und Wettkampf, sondern auch vielbesuchte Naherholungsgebiete für die Bevölkerung aus ihrem Umland.

Was für den um 1970 angelegten Olympia-Regattakurs von München galt, den man außerhalb der Stadt in einem naturbelassenen Kiesgelände mit einer Länge von 2.000 Metern und einer Breite von rund 90 Meter baute, hat später auch an anderen Stellen, wie z. B. in Köln und Krefeld, eine Wiederholung gefunden. Aus brachliegenden oder kaum noch wirtschaftlich genutzten Wasser- und Wiesenflächen sind attraktive Sport- und Freizeiteinrichtungen geworden mit einer Vielfalt an Nutzungsmöglichkeiten über das ganze Jahr.

Eine eigene Initiative unterhält der Weltverband FISA durch seine Kooperation mit dem „World Wide Fund For Nature" (WWF). Gemeinsam hat man im afrikanischen Sambia ein Projekt zur ökologischen Nutzung eines Gewässers nahe der Stadt Kafue ins Leben gerufen, bei dem ein neues Ruderzentrum entstanden ist und gleichzeitig die Reinhaltung der Wasserfläche vorangetrieben wird.

Die Balance zwischen Nutzen für Wirtschaft und Freizeit sowie zwischen dem Erhalt der Umwelt und dem Naturschutz wird in unserer Gesellschaft wohl auf Dauer ein Thema sein, bei dem die Protagonisten beider Seiten nur dann zu Lösungen kommen, wenn die Fähigkeit zu Kompromissen vorhanden ist. Für den Wassersport haben die Ruderer in den zurückliegenden Jahrzehnten sich hier nicht nur intensiv eingebracht, sondern auch gezeigt, dass sie für den Erhalt ihrer Reviere einen großen Beitrag leisten.

Vorkommende Einzelfälle der Nichtbeachtung von aufgestellten Regeln für Umwelt- und Naturschutz mögen auch weiterhin Anlass für eine kritische Betrachtung des Wassersports sein. Aber es dürfte auch unbestritten sein, dass der Wassersport und damit auch die Ruderer für eine Gesundung unserer Gewässer einen wertvollen Beitrag schon bisher geleistet haben und sie sich auch weiterhin dieser Verantwortung dafür bewusst sind.

8.2 RUDERN UND SICHERHEIT

Die Gefahr, sich beim Rudern zu verletzen, ist relativ gering. Da man im Boot sitzt, sind Gelenke, Bänder und Muskulatur weitestgehend vor einem Verdrehen geschützt und auch die Einwirkung durch gegnerische Aktionen liegt bei null. Dennoch gibt es Gefahren beim Fahren auf dem Wasser, die niemals unterschätzt werden dürfen. Wer hier in seiner Aufmerksamkeit nachlässt und sich nicht an festgelegte Regeln hält, kann sich unter Umständen sogar in Lebensgefahr bringen. So deutlich muss man es verantwortungsbewusst an dieser Stelle nennen. Es ist zwar selten, aber immer mal wieder gibt es Berichte über Todesfälle, weil die Gefahren auf dem Wasser unterschätzt werden.

Im Verlauf von Entwicklungen im Bootsbau sowie auf den Gewässern haben sich daraus einige Regeln und Vorkehrungen ergeben, die dem Schutz der Aktiven dienen. Von Anfang an stand dabei im Vordergrund, dass niemand in ein Boot steigen darf, der nicht sicher schwimmen kann. Was sich selbstverständlich anhört, ist aber leider in den letzten Jahren nicht immer gegeben.

Das Schwimmenlernen war vor allem bei älteren Generationen durch den Schulsport obligatorisch. Das Ablegen von Frei- und Fahrtenschwimmerprüfungen gehörte für die Schüler zum guten Ton, war quasi ein kleiner Wettbewerb, bei dem man nicht zurückstehen wollte. Und viele setzten diese Reihe fort mit dem Erwerb des Jugendschwimmabzeichens oder der Ausbildung zu Rettungsschwimmern in den Stufen Bronze, Silber und Gold.

Doch diese Zeiten, von denen auch der Rudersport profitierte, sind lange vorbei. Die aktuellen Statistiken der Wasserrettungsorganisationen zeigen jährlich, dass die Quote der Nichtschwimmer bei Jugendlichen und Erwachsenen aus den verschiedensten Gründen ansteigt und es immer wieder zu Badeunfällen an den Gewässern kommt. Deshalb lassen sich alle Rudervereine von Anfängern schriftlich bestätigen, dass sie schwimmen können, bei Kindern und Jugendlichen müssen das die jeweiligen Erziehungsberechtigten mit ihrer Unterschrift bestätigen. Erst dann darf man ins Boot zur ersten Ausfahrt steigen.

8.2.1 Sicherheit im Boot

Was aber kann auf dem Wasser passieren? Zwei Dinge: Das Kentern durch eine Welle oder noch ungeschicktes Verhalten im Boot, und das Vollschlagen des Boots durch hohe Wellen. Eher seltener ist die Kollision mit einem Hindernis, einer Boje oder einem anderen Wasserfahrzeug, was ebenfalls zur Kenterung führen kann. Für all diese Fälle wurden im Rudersport Maßnahmen und Hilfsmittel entwickelt, die bei Beachtung wirkungsvoll helfen.

Die wichtigste Regel dabei ist, dass man nach dem Sturz ins Wasser möglichst am Boot bleiben soll. Selbst wenn man als guter Schwimmer gilt, kann die Entfernung zu einem Ufer schnell unterschätzt werden oder es gibt gefährliche Strömungen, denen man sich nicht entziehen kann. Ruderboote sind meist so konstruiert, dass sie auch vollgeschlagen oder kieloben an der Wasseroberfläche schwimmen und man sie gegebenenfalls als Schwimmhilfe nutzen kann.

Das kann die Zeit überbrücken, bis man entweder mit dem Boot ans Ufer gelangt und dort wieder einsteigen kann oder bis Hilfe durch andere Boote herankommt. Geübten Ruderern gelingt es auch, ihren Einer nach einer Kenterung wieder aufzurichten und aus dem Wasser heraus wieder einzusteigen. Das verlangt allerdings doch einige Übung und es schafft nicht jeder.

Damit Boote an der Oberfläche schwimmen, wurden einige technische Konstruktionen beim Bootsbau entwickelt und die müssen heute bei neuen Booten zwingend von den Werften eingebaut werden. Dazu gehören mit Luft gefüllt Hohlräume im Bug, Heck oder unter den Rollsitzen, die einem Boot genügend Auftrieb geben müssen, damit man sich als Schwimmer daran festhalten kann. Für ältere Boote bieten die Hersteller nachrüstbare Luftsäcke an, die man in den Booten befestigen kann und die den gleichen Zweck des Auftriebs erfüllen.

8.2.2 Erfahrung und schnelle Entscheidungen

Entscheidend für eine solche Situation ist immer die Wassertemperatur. Sie sinkt im Winter und Frühjahr meist auf Werte, die bei Schwimmern innerhalb kurzer Zeit schnell Unterkühlungen und Herz-Kreislauf-Beschwerden auslösen können. Damit kann die Muskulatur schon nach einigen Minuten versagen, ein Ertrinken wäre die Folge.

Deshalb sollte man in diesen Fällen immer versuchen, den Körper unmittelbar nach einer Kenterung möglichst weit aus dem Wasser zu bringen, indem man sich auf das noch schwimmende Boot zieht und versucht, mit den Beinen das Boot und sich selbst in Ufernähe zu bringen. Wichtig ist die gegenseitige Hilfe in einem Mannschaftsboot und die Bewahrung von Ruhe.

Die Situation ist sicher nicht ungefährlich, aber aufkommende Panik schwächt den Körper in erheblichem Maße. In solchen Szenarien ist die Erfahrung des Bootsführers besonders wichtig. Er kann und muss Entscheidungen treffen, wie man möglichst schnell aus dem Wasser kommt und wie man die Zeit im Wasser so kurz wie möglich hält. Da sind dann klare Anweisungen gefordert, die von allen Mannschaftsmitgliedern befolgt werden und bei denen auch schwächeren Mitfahrern im Fall des Falles geholfen wird.

Kritisch sind solche Situationen fast immer, aber die Erfahrungen zeigen auch, dass gut ausgebildete Aktive und Obleute sie ohne körperliche Schäden meistern. Dabei steht der Mensch im Vordergrund, denn selbst wenn man ein teures Boot und Material im Wasser zurücklassen muss und es durch eine Strömung verloren gehen kann, ist das schnelle Erreichen eines sicheren Ufers immer die erste Pflicht für alle Beteiligten.

In vielen Vereinen gehören inzwischen Kenterübungen im Sommer bei ungefährlichen Wassertemperaturen zum regelmäßigen Jahresprogramm für die aktiven Mitglieder. Das trainiert nicht nur die eigene Schwimmfähigkeit und den Umgang mit dem Material, sondern auch das Vertrauen in die Abläufe und stärkt Entscheidungen bei kritischen Situationen.

8.2.3 Schwimmwesten im Rudersport

Die Entwicklung von Rettungs- und Schwimmwesten, die in der See- und Luftfahrt sowie im Segel- oder Kanusport schon Jahrzehnte obligatorisch sind, hinkte im Rudersport immer etwas hinterher. Das lag vor allem am komplexen Bewegungsablauf beim Rudern, bei dem zwischen Oberkörper und Beinen kaum Platz war, um eine solche Weste zu tragen. Erst mit der Produktion selbstaufblasbarer Schwimmhilfen (Automatikwesten) kam es zu Produkten, die für den Rudersport zumindest im Freizeitbereich und Training einsetzbar sind.

Dabei sind diese Westen überwiegend durch ihren Schnitt als Schwimmkragen zu tragen, die ihr unteres Ende etwa auf Brusthöhe haben und die durch entsprechendes Material und Gurte eng am Körper anliegen. Damit behindern sie nicht die Ruderbewegung, die Beine und Hände können nah an den Oberkörper herangezogen werden.

Neben Schwimmkragen, die separat über die normale Sportkleidung gezogen werden, findet man auf dem Markt auch winddichte Trainingsjacken, in die eine Automatikweste direkt eingenäht ist. Das Auslösen all dieser Westen erfolgt durch den Kontakt mit Wasser, wobei das beim Rudern immer mal vorkommende Spritzwasser von den Ruderblättern oder Regenwetter hier nicht ausreicht.

Erst wenn man ein paar Sekunden im Wasser schwimmt, löst sich eine in die Westentechnik eingelegte Tablette auf. Sie gibt eine unter Druck stehende Patrone frei, die dann mit der in ihr komprimierten Luft die Weste aufbläst und so den nötigen Auftrieb als Schwimmhilfe herstellt. Diese Technik ist bei nahezu allen Produkten der Schwimmwestenindustrie bewährt und sie hilft gerade im Winter und Frühjahr beim Überleben im Wasser. Vom Gesetzgeber ist das Tragen solcher Westen beim Rudern nicht vorgeschrieben. In vielen Rudervereinen sind solche Schwimmhilfen, die mit einem offiziellen Prüfzertifikat versehen sein müssen, in den kalten Monaten zur Pflicht geworden.

Und ist es tatsächlich mal zu einem Auslösen der Westentechnik gekommen, kann man mit dem Austausch der Tablette und Patrone sowie dem Zusammenfalten der Stoffteile die Weste mit ein paar Handgriffen schnell wieder in den Ursprungszustand zurückversetzen. Sie kann so über lange Zeit als Mittel für die eigene Sicherheit dienen. Die Investition in eine solche Schwimmweste lohnt sich vor allem für Aktive, die auf größeren Seen fernab vom Ufer oder auf stärker von der Berufsschifffahrt genutzten, strömenden Gewässern ihr angestammtes Ruderrevier haben.

8.2.4 Sicherheit im Leistungssport

Schwimmhilfen im Freizeit- und Breitensport finden immer weitere Verbreitung. Aber wie ist das im Leistungs- und vor allem Hochleistungssport? Wer Ruderregatten im Fernsehen verfolgt, wird so gut wie nie solche Kleidungsstücke an den Aktiven im Wettkampf finden. Vielleicht trägt der eine oder andere Steuermann mal bei einem Rennen einen Schwimmkragen, aber Vorschrift ist das nur bei wenigen Verbänden.

Genau geprüft wird das allerdings in Großbritannien, wo die Steuerleute vor allem bei den Langstreckenrennen auf den Flüssen und Seen eine Schwimmhilfe tragen müssen. Sonst droht der Mannschaft in einem Rennen die Disqualifikation. Aber in anderen Ländern und vor allem bei internationalen Meisterschaften gibt es Empfehlungen, aber keine Pflichten. Wie also wird da die Sicherheit für die Teilnehmer an Regatten hergestellt?

Es beginnt bereits bei der Vorbereitung und Organisation einer Regatta. Sowohl für regionale Regatten wie auch Weltmeisterschaften und Olympische Spiele werden Regeln festgelegt, deren Einhaltung von Sicherheitsbeauftragten und den Wettkampfrichtern kontrolliert wird. Die größte Bedeutung hat dabei eine eindeutige Fahrtordnung für die Regattabahn. Damit wird dem Umstand Rechnung getragen, dass Ruderer mit dem Rücken zur Fahrtrichtung sitzen, somit also den von ihnen befahrenen Kurs nicht vorausschauend überblicken können. Sie müssen sich darauf verlassen können, dass ihnen kein anderes Boot auf Kollisionskurs entgegenkommt.

Um das sicherzustellen, werden den Fahrbahnen einer Regattastrecke sowohl im Training wie auch während der Rennzeiten feste Richtungen zugeordnet, auf denen sie befahren werden dürfen. Damit gibt es auf den großen, international genutzten Regattakursen meist drei Bahnen für die Fahrt in Richtung des Starts und drei weitere für die Gegenrichtung zum Ziel. Über die gesamte Strecke dürfen diese Bahnen nur in der festgelegten Richtung befahren werden, womit es nicht zu Gegenverkehr kommen kann, wenn sich alle Teams und Ruderer ohne Wenn und Aber an diese Regeln halten.

Meist liegt zwischen den beiden Richtungszonen noch eine weitere Bahn dazwischen, die gar nicht oder nur von Motorbooten mit überwachendem Personal oder Wettkampfrichtern befahren werden darf. Um am Ende der Regattabahn die Strecke zur Wende sicher zu kreuzen, sind feste Zonen eingerichtet, in denen sich die Mannschaften mit äußerster Umsicht und wenig Geschwindigkeit bewegen dürfen.

Mit dieser Regelung werden Unfälle in den Regatta-Trainingszeiten weitestgehend vermieden. Es kommt deshalb selten zu Unfällen, da auch am Ufer oder eben in Begleitbooten die Situation auf dem Wasser beobachtet wird und die kontrollierenden Wettkampfrichter sofort bei Verstößen eingreifen. Diese ziehen eine Verwarnung nach sich, die beim nächsten Start einer Mannschaft wirksam ist und bei einem weiteren Regelverstoß zum Ausschluss vom nächsten Rennen führen kann.

Während der Rennzeiten, in denen ja auch die freigehaltene Mittelbahn befahren werden muss, wird die Fahrtordnung auf den Regattakursen geändert. Hier muss sichergestellt sein, dass die sonst zum Kreuzen genutzten Zonen im Start- und Zielbereich für die Rennen frei bleiben. Dennoch können die Teams vom Bootslagerplatz sicher zum Start gelangen, wo sie eine Zone zum Aufwärmen haben und auch nach dem Rennen für sie im Zielbereich eine weitere Zone zum Ausrudern und Abkühlen zur Verfügung steht.

Auch das wird durch die Wettkampfrichter akribisch kontrolliert, womit sich die Aktiven darauf verlassen können, dass ihnen auf ihrer Bahn kein anderes Boot entgegenkommt. Kollisionen mit Material- oder gar Personenschäden sind so auf Regatten zum Glück selten, dennoch nie ganz ausgeschlossen. Die Umsicht eines jeden Aktiven auf einer Regattabahn ist deshalb immer besonders gefordert.

8.2.5 Technische Ausrüstung der Boote

Das für alle Regattaplätze obligatorische Sicherheitskonzept, in dem auch Regelungen für den Einsatz von Rettungsbooten und medizinischem Personal für den Notfall enthalten sind, sorgt also für ein gewisses Maß an Sicherheit auf dem Wasser. Aber ganz zu vermeiden sind Unfälle und Kenterungen halt nie und ein noch viel wichtiger Bereich ist das Trainingsgewässer, das nur in seltenen Fällen durch Wasserrettungsorganisationen beaufsichtigt wird. Hier ist also die Gefahr immer gegeben, selbst wenn ein Motorboot mit einem Trainer in der Nähe ist.

Der Trainer hat aber gerade in den unteren Leistungsklassen oft mehrere Aktive in verschiedenen Booten zu betreuen, kann also seine Augen nicht überall haben und im Fall des Falles sofort eingreifen. Um hier ein Mindestmaß an Sicherheit herzustellen, müssen alle Ruderboote mit technischen Einbauten versehen sein, die im Kollisionsfall eine Verletzung oder bei Kenterung ein Ertrinken verhindern sollen.

Die auch für den Laien sichtbarste Komponente ist der helle, meist weiße Bugball, der an jedem Boot angebracht ist. Der Bug eines Boots läuft spitz zu und ist bei älteren Holzbooten oft mit einer Metallschiene verstärkt. Kommt es zu einer Kollision zwischen zwei Ruderbooten, könnte ein spitzer Bug beim Auftreffen auf den Körper eines Aktiven schwerwiegende Verletzungen verursachen.

Deshalb wurde schon in frühen Zeiten des Bootsbaus der **Bugball** entwickelt. Er besteht aus einem Gummiball, der fest auf die Bugspitze des Boots montiert ist und bei einem Aufprall nicht wegknicken kann. Wird man von einem solchen Bugball getroffen, ist das sicher schmerzhaft, aber tiefer gehende Verletzungen von Haut oder Muskulatur können vermieden werden. Somit hat sich der Bugball seit Jahrzehnten bewährt, ist für alle Boote im Leistungs- und Breitensport Pflicht und wird auf offiziellen Regatten auch von den Wettkampfrichtern kontrolliert.

Wird bei einer solchen Kontrolle festgestellt, dass das Gummi des Balls schon gealtert und spröde und somit eine Schutzwirkung nicht mehr gegeben ist, darf das betroffene Boot erst für ein Rennen eingesetzt werden, wenn der Bugball ausgetauscht wurde. Bei neueren Booten aus Kunststoff wird die Bugspitze von den Werften direkt so ausgeformt, dass sich ein Ball bildet und somit der Bug eine stumpfe Form hat. Auch das genügt den Sicherheitsanforderungen des Regelwerks.

Neben der Sicherheitsfunktion kommt dem Bugball auch die Aufgabe zu, die Spitze des Boots erkennbar zu markieren. Damit kann ein Zielrichter entweder mit dem bloßen Auge oder auf einem Zielfilm klar erkennen, in welcher Reihenfolge die Boote die Ziellinie überqueren und wie somit das Ergebnis eines Wettkampfs lautet.

Eine weitere Sicherheitsausrüstung für Boote ist für die Halterung der Füße vorgeschrieben. Diese kommt bei einer Kenterung zum Tragen, bei der ein Boot kieloben im Wasser liegt. Dabei läge der Körper eines Aktiven im Wasser, im ungünstigen Fall könnten aber die Füße noch über Kopfhöhe im Stemmbrett im Boot feststecken. Diese Lage kann gefährlich werden, deshalb gibt es im Rudersport klare Vorschriften, wie das Stemmbrett bzw. die darauf befindliche Halterung für die Füße konstruiert sein muss.

Sind nur einfache Riemen oder offene Halterungssysteme installiert, aus denen der Fuß auch mit einem Sportschuh sofort bei einer Kenterung herausrutscht, ist der Sicherheit Genüge getan. Sind jedoch feste Schuhe auf einem Stemmbrett installiert, muss sichergestellt sein, dass sich diese mit einem schnellen Handgriff komplett öffnen lassen und der Fuß auch aus dem Schuh herausgleiten kann. Für das Öffnen sind die Schuhe mit Klettverschlüssen versehen, die mit einer Schnur untereinander verbunden sind. Alle Verschlüsse können so mit einem Zug an der Schnur gelöst werden.

Aber der Fuß muss auch aus dem Schuh herauskommen, was meist durch die Konstruktion der Befestigung auf dem Stemmbrett erschwert wird. Beim Anziehen der Beine in der Auslage beim Ruderschlag heben sich die Fersen einige Zentimeter nach oben. Auch da sollen sie noch fest in den Schuhen bleiben. Bei einer Kenterung soll aber der Ruderer die Fersen aus dem Schuh herausziehen können. Dafür ist dieser mit der Ferse durch ein Band am Stemmbrett befestigt, das zwar das Anheben beim Rudern ermöglicht, den Schuh aber bei einer weiteren Bewegung des Fußes nach oben festhält und sich der Ruderer so vom Schuh befreien kann.

Eine dem Radsport entnommene Weiterentwicklung dieser Technik ist die Konstruktion einer geformten Platte, die auf dem Stemmbrett montiert wird. An den Sohlen der von den Aktiven genutzten festen Schuhe sind ebenfalls geformte Platten befestigt, mit denen die Schuhe in die Gegenstücke am Stemmbrett einrasten und sie somit fest mit dem Boot verbunden sind. Durch eine Drehung des Fußes kann der gesamte Schuh im Falle einer Kenterung aus der Arretierung gelöst werden und die erforderliche Sicherheit ist hergestellt.

Die ersten Ausführungen dieser Schuhtechnik waren meist noch mit Halterungskonstruktionen aus Metall versehen, was das Gewicht der Boote und den Komfort beim Rudern beeinträchtigte. Inzwischen gibt es hier auch von den Topathleten akzeptierte Lösungen aus Kunststoff, die ähnlich den Pedalarretierungen beim Fahrrad ein Tragen der Schuhe an Land ohne Beschädigungen erlauben. Bei offiziellen Regatten werden neben dem Bugball auch diese Vorrichtungen für die Sicherheit der Ruderer akribisch von den Wettkampfrichtern überprüft.

Entspricht auch nur eine der Fußhalterungen nicht den Vorgaben, muss gegebenenfalls ein ganzes Achterteam warten, bis das Boot nötigenfalls mit einem zusätzlichen Schuhband ordnungsgemäß präpariert ist.

Ein letzter Punkt sei noch erwähnt, auch wenn er heute nur noch selten anzutreffen ist. Es geht um die Steuerleute, die vor allem bei älteren Zweiern und Vierern vorne im Bug liegen und von dort aus ein Boot steuern. Nachdem der Zweier-mit und der Vierer-mit weitestgehend im Spitzensport aus den Rennprogrammen genommen wurde, findet man diese Bootsformen heute meist nur noch bei den Rennen der Nachwuchsklasse oder den Masters. Dennoch müssen auch hier die Wettkampfrichter genau prüfen, ob ein Boot den Sicherheitsanforderungen entspricht.

Die Öffnung, in der der Steuermann liegt, muss mindestens so groß sein, dass er im Falle einer Kenterung sofort aus dem Bugkasten ohne Kraftaufwand herausrutschen kann. Als Mindestmaße sind da 70 Zentimeter in der Länge und 50 Zentimeter in der Breite festgelegt. Diese dürfen nicht durch andere Einbauten beeinträchtigt sein.

Die Sicherheit spielt also im Rudersport eine bedeutende Rolle. Viele Dinge sind durch die Technik der Boote, durch Vorschriften in den Regelwerken oder Empfehlungen für den Freizeitbereich definiert. Sogar für Wettkämpfe bei besonders heißen Witterungsbedingungen hat der internationale Ruderverband Regeln und Vorgaben ausgearbeitet, um gesundheitliche Gefährdungen durch Hitzschläge oder Entkräftung zu vermeiden. Dass es dennoch immer mal wieder zu Unfällen kommt und es auch Personenschäden zu beklagen gibt, liegt am Umfeld, in dem sich die Ruderer bewegen. Wasser, Wetter und Verkehr auf den Wasserstraßen sind die Faktoren, die man deshalb als aktiver Ruderer nie außer Acht lassen darf.

8.3 RUDERN UND GESUNDHEIT

Sport ist immer ein wenig Wettbewerb, selbst wenn es mal nicht um ein Rennen geht. In diesem Sinne stellten sich einige Sportwissenschaftler Mitte der 1990er-Jahre die Frage: „Was ist die gesündeste Sportart?"

Im Auftrag eines großen deutschen Nachrichtenmagazins forschten sie, untersuchten die Protagonisten verschiedener Sportarten unter diversen Aspekten und kamen am Ende zu einem Urteil, das dann veröffentlicht wurde. Demnach erhielt die Sportart Rudern in vielen Bereichen Bestnoten, belegte schließlich in der Addition aller Faktoren Platz eins und erhielt den Titel „gesündeste Sportart".

8.3.1 Training für den ganzen Körper

Wie immer man bei solchen „Wettbewerben" wissenschaftliche Maßstäbe einordnet und natürlich auch subjektive Erfahrungen, Vorlieben und Möglichkeiten mit einbezieht, hat diese Studie die positiven Aspekte des Ruderns unter gesundheitlichen Gesichtspunkten herausgearbeitet, die bis heute gültig sind. Einer der wesentlichen Punkte ist die geringe Verletzungsgefahr beim Rudern. Man sitzt, Gelenke, Bänder, Muskeln und alles, was den Körper zusammenhält, ist vom eigenen Körpergewicht weitestgehend entlastet. Mal eben gelenkgefährdend umknicken, durch eine ungeschickte Bewegung sich eine Dehnung oder Zerrung zuziehen oder gar durch gegnerische Einwirkung im sportlichen Kampf mit dem Gegner ist ausgeschlossen.

Die Bewegung von Oberkörper, Armen und Beinen ist rhythmisch wiederholend, was erwiesenermaßen für die Muskulatur mit das beste Training für den Aufbau und die Stärkung ist. Und da eben alle diese Körperteile beim Rudern in Bewegung sind, werden auch nahezu alle Muskeln in Anspruch genommen. Das fordert natürlich auch das Herz-Kreislauf-System, denn die Muskeln verlangen für ihre Arbeit Sauerstoff, der ihnen durch den Blutkreislauf zugeführt wird.

Gerade dieser Umstand führt dazu, dass die Sportart Rudern von Laien und Anfängern gerne mal unterschätzt wird. So manch ein gut trainierter Jogger, Schwimmer oder Kraftsportler ist bei seinem ersten Versuch auf einem Ruderergometer nach relativ kurzer Zeit an körperliche Grenzen gestoßen, da der Einsatz aller Muskelgruppen eben in anderen Sportarten weniger ausgeprägt ist. Deshalb gilt Rudern auch als „Kraft-Ausdauer-Sportart", womit die beiden wesentlichen Faktoren des Sports in der Ruderbewegung zusammengeführt werden.

Dass damit die gesamte Fitness durch Rudern trainiert wird und sowohl der Bewegungsapparat wie auch das Kreislaufsystem durch regelmäßiges Training gesund und intakt bleibt, ist nachvollziehbar. Auch das mag ein Grund sein für die positive Bewertung in der vorgenannten Studie, denn diese Faktoren machen es auch älteren Aktiven im Bereich Ü60 möglich, ihre Sportart sinnvoll für die Gesundheit einzusetzen.

Die gesundheitlichen Risiken im Rudern lassen sich eingrenzen. Wichtig dabei ist eine regelmäßige ärztliche Kontrolle des Herz-Kreislauf-Systems. Nimmt dieses System Schaden durch Faktoren wie Stress, ungesunde Lebensführung und Ernährung oder andere Umstände, sollte man immer mit einem Sportarzt abklären, inwieweit man sich beim Rudern belasten kann oder ob man möglicherweise eine Ruderpause einlegen sollte und dem Körper durch geringere Belastungsformen eine Erholung gönnt.

Das gilt auch bei vorübergehenden Erkrankungen wie einer Erkältung, Grippe oder ähnlichen bakteriellen oder virusbedingten Einschränkungen. Die können schnell den Kreislauf derart belasten, dass es zu Herzproblemen führen kann. In diesen Fällen sollte man in jedem Fall mit einem Arzt Rücksprache halten, ob eine Ruderausfahrt möglich ist.

8.3.2 Ein starker Rücken

Bei Laien bestehen oft Bedenken wegen Rückenbeschwerden. Hier kommt es beim Rudern darauf an, dass man nicht mit gekrümmtem Rücken im Boot sitzt, sondern mit einem lockeren Maß an Körperspannung den Oberkörper kontrolliert bewegt. So wird ein zu großer Druck auf die Bandscheiben vermieden. Gleichzeitig wird durch das Anspannen die Rückenmuskulatur gestärkt, die dann zur wesentlichen Stütze für die Wirbelsäule wird.

Bei Ruderanfängern richten erfahrene Trainer darauf ein besonderes Augenmerk und auch erfahrene Freizeit- und Breitensportler lassen sich im Laufe der aktiven Jahre immer mal wieder in Sachen Rudertechnik von Trainern beraten und korrigieren, wenn sich Fehler im Bewegungsablauf eingeschlichen haben sollten. Klingt alles ein wenig komplizierter, als es tatsächlich im Ruderalltag ist.

8.3.3 Kleine Blessuren nicht ausgeschlossen

Zwei kleine Gefahren seien hier der Vollständigkeit halber doch noch genannt, weil sie meist bei Anfängern Spuren hinterlassen. Meist beginnt man mit dem Skullen, hat also in jeder Hand einen Griff. Zieht man die dann im Ruderschlag auf den Körper zu, merkt man schnell, dass sich bei einem korrekt eingestellten Ruderplatz diese Griffe überschneiden. Da beim Skullen die Daumen im Idealfall vorne auf dem Griff liegen sollten, könnten diese durch dieses Überschneiden etwas eingeklemmt werden.

Ist weniger schlimm, als es sich hier liest. Das passiert vielleicht ein- oder zweimal in den ersten Übungsstunden, dann hat man diese Technik mit dem Führen der Hände hintereinander verinnerlicht. Da liegt dann auch eine Ursache für eine zweite kleine Blessur, die man sich als Anfänger holen kann.

Bei etwas unruhigem Wasser kann ein Griff etwas höher angehoben werden als der andere. Dann rutscht gerne die oben liegende Hand über die andere und mit etwas längeren Fingernägeln kann es zu kleinen Kratzern auf den Knöcheln der unteren Hand kommen. Aber auch das erledigt sich schnell mit ein wenig Übung und beides sind kleine Verletzungen, die auch nach ein oder zwei Tagen wieder abgeheilt sind.

Diese gesundheitlichen Aspekte gelten für alle Formen des Rudersports. Gerade im Leistungssport unterziehen sich die Aktiven regelmäßigen ärztlichen Kontrollen mit dem Schwerpunkt Herz-Kreislauf-System. In den Jugendklassen sind diese vorgeschrieben und müssen durch von den Ärzten ausgestellte Zeugnisse offiziell bestätigt werden. Nur wenn diese von den Vereinen an den Deutschen Ruderverband gemeldeten Bestätigungen in eine Datenbank eingetragen sind, erhalten die Jugendlichen eine Starterlaubnis. Das gilt für alle Regatten, die nach den verbindlichen Regeln des DRV ausgetragen werden.

Die Ausrichter dieser Wettbewerbe sind verpflichtet, nach dem Eingang einer Meldung zu einem Rennen für jeden Jugendlichen diese Datenbank zu kontrollieren. Wer dort nicht eingetragen ist oder bei wem die Gesundheitsdaten nicht bestätigt sind, darf nicht am Rennen teilnehmen. Die Datenbank des DRV umfasst alle Aktiven, die an Regatten des Verbandes teilnehmen wollen. Bei den Aktiven über 18 Jahre wird eine gesundheitliche Prüfung nicht vorgeschrieben, hier baut man auf die Eigenverantwortung.

8.3.4 Doping

Ein Thema kann man beim Blick auf gesundheitliche Aspekte des Ruderns nicht ausklammern, das Doping. Seit Einführung regelmäßiger Kontrollen und der Veröffentlichung von Ergebnissen sowie der Sanktionierung bei Verstößen gegen die festgelegten Regeln wird das Thema auf vielen Ebenen des Sports und der Gesellschaft diskutiert. Und immer wieder werden neue Mittel und Methoden entwickelt, die eine regelwidrige Leistungssteigerung möglich machen, ohne dass sie bei den jeweils aktuellen Kontrollverfahren entdeckt werden. Das Thema ist dynamisch und wird vor allem im Hochleistungssport kaum noch von der Tagesordnung verschwinden.

Auch im Rudern wurden einige Dopingfälle festgestellt, die zu Konsequenzen für die Aktiven bis hin zum Ausschluss von einer WM- und Olympiateilnahme geführt haben. Im Vergleich zu anderen Sportarten ist aber die Quote der nachgewiesenen Verstöße sehr gering, wobei der internationale Ruderverband FISA zu den Organisationen gehört, die vor allem bei Wettkämpfen umfangreiche Proben nehmen lassen.

Vielleicht ist die Struktur des Ruderns als Kraft-Ausdauer-Sportart hier mitentscheidend, dass die Möglichkeiten für ein effektives Doping gering sind. Bei der Dauer eines Ruderrennens zwischen rund 6,5 Minuten im Einer bis 5,5 Minuten im Achter ist die Wirkung entsprechender Ausdauermittel und -methoden wenig gegeben. Und auch ein Muskelzuwachs durch anabole Mittel ist eher kontraproduktiv zu den technischen Bewegungsabläufen, bei denen es eben nicht allein auf die Kraft der Muskelpartien ankommt.

Regelmäßig werden auch die Aktiven in unteren Leistungsklassen oder bei den Masters zu einer Dopingprobe gebeten. Und manchmal stellt sich dann heraus, dass ein von einem unerfahrenen Aktiven ständig eingenommenes Mittel gegen relativ harmlose gesundheitliche Beeinträchtigungen dann doch auf der Dopingliste steht und zu einer Sanktionierung führt. Oder es ist das gute Hausmittel aus der heimischen Küche gegen Erkältung oder Muskelkater, das dann doch Substanzen enthält, die offiziell nicht erlaubt sind. Beispiele für solche aus Unwissenheit vorkommenden Fälle gibt es viele.

Die Erfahrung zeigt, dass die Liste der verbotenen Substanzen sich immer wieder verändert und verlängert. Sie sollte regelmäßig von den Aktiven zur Hand genommen werden und mit den Angaben auf Arzneimittelzetteln verglichen werden. Wer in höheren Leistungsklassen oder gar international startet, wird das nie ohne eine umfassende Beratung und Kontrolle durch einen Sportmediziner tun. Unwissenheit schützt in keinem Fall vor einer Strafe, auch wenn die im Rudern bisher relativ selten verhängt werden mussten.

Die verschiedenen Aspekte der Gesundheit stehen beim Rudern hoch im Kurs. Die Sportart selbst macht es möglich, sie bei einem verantwortungsvollen Umgang mit seinem Körper mehr als 70 Lebensjahre betreiben zu können. Dafür gibt es weltweit zahlreiche Beispiele. Zur Verantwortung gehört aber auch, die körperlichen Belastungen gerade bei längeren Touren im Freizeit- und Breitensport nicht zu unterschätzen.

Ausschreibungen zu Wanderfahrten, die von nationalen Verbänden und der FISA regelmäßig angeboten werden, beinhalten immer einen entsprechenden Hinweis. Denn in einem Notfall kann es doch etwas länger dauern, bis medizinische Hilfe zur Verfügung steht. Wer sich aber an diese Empfehlungen für die eigene Gesundheit und die Vorgaben der Organisationen hält, kann den Rudersport in allen Facetten genießen.

8.4 RUDERN ALS FAMILIENSPORT

In diesem letzten Kapitel wollen wir noch einen Blick auf die sozialen Strukturen im Rudersport werfen. Da der Sport eine breite Altersspanne von 10 bis über 80 Jahren bildet, sind für viele Mitglieder die Rudervereine weit mehr, als nur ein Ort zum aktiven Sporttreiben. Das zeigt sich vor allem durch viele gesellschaftliche Veranstaltungen im und rund um das Bootshaus, das auch für Feiern im persönlichen Umfeld z. B. bei Geburtstagen, Hochzeiten oder Jubiläen gerne genutzt wird. Dies schweißt zusammen und lässt oft Freundschaften entstehen, die ein Leben lang halten.

Für die Findung neuer junger Mitglieder kooperieren Vereine gerne mit den weiterführenden Schulen. Hier verfügen die Kinder über die körperlichen Voraussetzungen, um sich im Ruderboot sinnvoll bewegen zu können.

Eine wichtige Quelle für die Gewinnung neuer Mitglieder sind die Familien. Da finden sich nicht selten ganze Stammbäume von Generationen einer Familie, die dem Verein angehört haben.

Um das zu fördern, lassen sich die Klubs einiges einfallen. Da trifft man sich gerne mal auf ein Ruderwochenende mit den Familien der Ruderfreunde. Im Bootshaus eines befreundeten Vereins oder zünftiger auf einem Zeltplatz wird Quartier bezogen, Boote hat man aus dem eigenen Verein mitgebracht und wenn Mama und Papa in einem breiten Wanderzweier aufs Wasser gehen, sitzen die Kleinen gerne vorne oder hinten im Luftkasten mit im Boot. Natürlich ausgestattet mit Schwimmweste und Sonnenschutz, aber welches Kind entwickelt da nicht schon das gewisse Gefühl für ein Abenteuer auf dem Wasser?

Und wenn man dann vom Boot aus ins Wasser springen darf, dann ist die Begeisterung riesengroß. Klar, dass damit ein Bezug zur Sportart schon im Kindesalter hergestellt wird. Dass viele dieser Kinder selbst im entsprechenden Alter mit dem Rudern beginnen und somit zur nächsten Generation im Verein werden, ist eine fast logische Folge.

Selbst wenn es dann durch Schule, Studium und frühe Berufsjahre mal zu längeren Pausen kommt, die Prägung durch diese frühen Jahre im Boot bleibt und oftmals hält die Treue zur Sportart Rudern ein Leben lang.

Generationenübergreifend gemeinsam Sport treiben, das ist im Rudern keine Seltenheit. Rüstige Großväter oder -mütter steigen gerne mal mit den eigenen Enkeln ins Boot und machen eine gemeinsame Ausfahrt. Das ist nicht der Regelfall, denn Sport mit den Großeltern gemeinsam zu treiben, gilt bei den Jugendlichen ja nicht unbedingt als cool. Aber ausgeschlossen ist es halt nicht und es bringt im sozialen Bereich für die Kinder reichhaltige Erfahrungen fürs Leben.

Für junge Mütter ist ein Ruderverein ebenfalls eine ideale Einrichtung, um auch in den frühen Jahren ihrer Kinder den Sport nicht zu vernachlässigen. Man trifft sich in einer Gruppe im Bootshaus, dort werden die Kids dann von einem Babysitter aus dem Kreis der Mütter oder von einem anderen Vereinsmitglied betreut, während die Mütter ihrem Sport frönen können. Gemeinsames anschließendes Kaffeetrinken inklusive.

Wie in anderen Sportarten sind die Eltern oder Großeltern natürlich auch zur Unterstützung gefragt, wenn die Kinder und Jugendlichen in den Leistungssport streben. Die Teilnahme an einer Regatta erfordert meist eine längere Anfahrt, manchmal auch eine Übernachtung, wenn es über zwei oder mehr Tage geht. Auch hier spielt das Familiäre im Rudersport eine wichtige Rolle, die weit über den „Taxidienst von Mama oder Papa" hinausgehen kann.

FAZIT: Die Vielfalt macht also die Sportart Rudern aus. Auf dem Wasser in verschiedenen Booten und Mannschaften, auf dem Trockenen im Fitnessstudio, als Wettkampf vom Kindesalter bis in die Topklassen auf Welt- und Olympianiveau. Als Freizeit- und Breitensport mit einem Angebot, bei dem von der täglichen Ausfahrt über Wanderfahrten bis zu anspruchsvollen Langstreckentouren für jeden etwas dabei ist.

Als Mitglied eines Vereins, in dem man einfach nur Gleichgesinnte treffen will oder in dem man sich engagiert als Mitarbeiter handwerklich oder organisatorisch je nach seinen Möglichkeiten einbringt. Oder eben auch als Sportler, der den ruhigen Binnensee liebt oder als Abenteurer, der die Wellen des Atlantiks mit allen Sinnen erleben will – für jeden und jede hat der Rudersport etwas zu bieten, das sich lohnt, es selbst wenigsten einmal auszuprobieren.

Wenn Sie, liebe Leser, nun Lust darauf bekommen haben, dann schauen Sie sich um, ein Ruderverein ist oft nicht weit entfernt. Und dann heißt es „Riemen- und Dollenbruch" und hinein in Ihr ganz persönliches Rudervergnügen. Wer weiß, vielleicht begegnen Sie dabei einigen alten und neuen Freunden, mit denen die Sportart Rudern noch mal so viel Spaß macht.

ANHANG

1 DAS RUDER-WÖRTERBUCH

Achter - Ruderboot mit acht Ruderplätzen.

Äquatorpreis - Auszeichnung des DRV für Aktive im Wanderrudern mit einer Lebenskilometerleistung von mindestens 40.077 Kilometern.

Anfänger - Einsteiger in den Rudersport ohne Vorkenntnisse.

Abdrehen - Drehen der Ruderblätter parallel zur Wasseroberfläche.

Ablegen - Abstoßen des Boots vom Steg oder Ufer.

Abrudern - gemeinsame Veranstaltung aller Aktiven eines Vereins oder Verbandes zum Ende der jährlichen Saison; findet meist im Oktober statt.

Albano-System - farbiges Bojensystem zur Markierung der Fahrbahnen auf einer Regattastrecke.

Abmeldung - Rücknahme einer Meldung zu einem Rennen nach dem Meldeschluss.

Anlegen - Anlanden eines Boots am Bootssteg oder am Ufer.

A-Boot - breites Gigboot aus Holz in Klinkerbauweise, Breite 90-100 Zentimeter.

Altersklassen - Einteilung der Aktiven im Leistungssport gemäß ihrem Lebensalter.

Ampelstart – Start eines Ruderrennens mit dem optischen Signal einer Ampel, verbunden mit einem akustischen Signal.

Anlage – Winkel des Skulls oder Riemen in der Dolle, im Idealfall 8°.

Anleger – Bootssteg oder Bauwerk zum Anlegen von Booten.

Anrudern – gemeinsame Veranstaltung aller Aktiven eines Vereins oder Verbandes zu Beginn der jährlichen Saison; findet meist im April oder Mai statt.

Aufdrehen – Drehen der Ruderblätter senkrecht zur Wasseroberfläche.

Auftrieb – Kraft, die das Boot nur bis zu einem bestimmten Punkt ins Wasser eintauchen lässt.

Ausheben – Hebelbewegung am Skull oder Riemen, mit dem das Blatt am Ende des Durchzugs aus dem Wasser gehoben wird.

Auslage – Grundstellung vor dem Beginn eines Ruderschlags; die Beine sind angezogen, die Arme gestreckt, der Oberkörper ist leicht nach vorne gebeugt.

Ausleger – nach außen ragende, an der Bordwand eines Boots befestigte Vorrichtung mit einer Dolle am äußeren Ende.

Ausrichten – Bewegen der Boote vor oder zurück am Start, um alle Bugspitzen auf eine Startlinie zu bringen.

Ausrichter – verantwortlicher Verein oder Verband für die Organisation einer Ruderregatta.

Ausschluss – Disqualifikation eines Boots von einem Rennen nach einem Regelverstoß.

Außenhebel – Teil des Skulls oder Riemens außerhalb des Boots zwischen Dolle und Ruderblatt.

Außenkiel – in der Mitte eines Boots montierte Leiste außerhalb der Bordwand.

Backbord - in Fahrtrichtung gesehen die linke Seite des Boots.

B-Boot - Gigboot aus Holz in Klinkerbauweise, Breite circa 78 Zentimeter.

Barke - breites Boot mit acht Ruderplätzen und Steuerbank; Einsatz überwiegend auf Wanderfahrten.

Belangreiche Behinderung - Abdrängen oder Berühren eines gegnerischen Boots im Rennen in seiner Fahrbahn, was Auswirkungen auf das Rennergebnis haben kann; kann zum Abbruch eines Rennens und Ausschluss einer Mannschaft vom Rennen führen; Ausschluss auch nachträglich nach dem Zieldurchlauf möglich.

Bestimmungen - Regelwerk, das den Ablauf einer Regatta und der Rennen festlegt.

Blatt - äußeres breites Ende eines Skulls oder Riemens.

Blattlage - Eintauchtiefe des Blatts beim Durchzug.

Blattstellung - Lage des Blatts im Bezug zur Senkrechten; durch Anlage an Dolle und Ruderschaft idealerweise 8°; kann durch falsche Haltung von Skulls oder Riemen oder falsche Einstellung der Ruderanlage negativ beeinflusst werden.

Bodenbrett - waagerechtes Brett innen im Fußraum des Ruder- oder Steuerplatzes, das ein Durchtreten auf die Bordwand verhindern soll.

Boje - schwimmender Hohlkörper zur Markierung von Wasserflächen.

Bootsart - Bauform eines Ruderboots.

Bootsgattung - Einteilung der Boote nach Anzahl der Plätze und der Ruderart.

Bootssteg - siehe Anleger.

Bootswerften - auf den Boots- und Zubehörbau spezialisierte Unternehmen.

Bord - oberer Rand der Bootswand.

Breite – Gesamtbreite eines Boots auf Höhe des Bords.

Bügeldolle – Dolle, deren obere Öffnung nach dem Einlagen von Skulls oder Riemen durch einen Stift oder Steg verschlossen werden kann; verhindert das Herausrutschen des Ruders bei der Ruderbewegung.

Bug – vordere Spitze des Boots.

Bugball – an der Spitze des Boots befestigter Gummikörper zum Schutz gegen Verletzungen bei Kollisionen; kann auch durch die Bauform des Boots aus Kunststoff direkt mit dem Bootsrumpf hergestellt werden.

Bugmann – Ruderplatz, der dem Bug am nächsten ist.

Bugwelle – eine vom Bug eines Schiffs nach außen weglaufende Welle.

Coastal-Rowing – englischer Begriff für das Rudern im Küstenbereich in festgelegten Wettkampfklassen.

C-Boot – Gigboot aus Holz oder Kunststoff mit glatten Bordwänden; Breite circa 78 Zentimter.

Cox – englisches Wort für Steuermann.

Cox-Box – batteriebetriebenes Gerät, an dem der Steuermann ein Mikrofon und die Sprechanlage eines Mannschaftsboots anschließen kann.

Crew – englisches Wort für Mannschaft.

D-Boot – Gigboot aus Holz oder Kunststoff mit glatten Bordwänden, Breite circa 100 Zentimter.

Deck – obere waagerechte Fläche eines Boots, meist an Bug und Heck.

Disqualifikation – Ausschluss einer Mannschaft von der weiteren Teilnahme an der gesamten Regatta.

Dollbord – oberster Rand einer Bordwand, an dem die Ausleger befestigt sind.

Dolle - u-förmiger Bügel zur Aufnahme von Skulls und Riemen; kann aus Messing oder Kunststoff hergestellt sein; ist drehbar auf einem Stift am äußeren Ende eines Auslegers montiert, bei breiten Gigs auch direkt auf dem Dollbord.

Dollenabstand - Abstand zwischen Bootsmitte und dem Dollenstift.

Dollenhöhe - definiert den Abstand des unteren Dollenschenkels zur Oberfläche des Rollsitzes.

Doping - Einnahme eines unerlaubten Wirkstoffs, der die körperliche Leistung steigert oder die Anwendung einer unerlaubten Methode (Infusion) von gemäß den Dopinggesetzen zugelassenen Wirkstoffen.

Dreier - Ruderboot mit drei Ruderplätzen.

DRV - Abkürzung für Deutscher Ruderverband; Zusammenschluss der deutschen Ruder- und Regattavereine zu einem Dachverband; ältester deutscher Sportverband mit dem Gründungsjahr 1883.

Durchzug - Weg des Ruderblatts bei der Bewegung des Skulls oder Riemens durch das Wasser.

E-Boot - Gigboot aus Kunststoff, Breite circa 90 Zentimeter.

Einer - Ruderboot mit einem Ruderplatz.

Einsatz - Moment, in dem das Ruderblatt in der Auslage ins Wasser gesetzt wird.

Einspruch - Protest gegen die Wertung eines Rennens unmittelbar nach Zieldurchgang durch Heben eines Arms eines Mannschaftsmitgliedes; muss durch schriftliche Eingabe bei der Jury nach dem Rennen bestätigt werden.

Einsteigebrett - kleines, flaches Brett zwischen den Rollbahnen des Rollsitzes; wird beim Ein- und Austeigen genutzt.

Eintauchtiefe – Abstand des Ruderblatts von der Wasseroberfläche; idealerweise bleibt das Blatt über den gesamten Durchzug mit seiner Oberkante knapp unterhalb der Wasseroberfläche; die Idealposition wird durch Skull oder Riemen bei korrekter Einstellung der Anlage an der Dolle hergestellt.

Einteiler – für den Rudersport gefertigtes Kleidungsstück, bei dem Trikot und Hose miteinander vernäht sind; wird von Aktiven im Leistungssport bevorzugt; unterschiedliche Ausführungen in Design und Farben von Vereinen und Verbänden.

Endlauf – finales Rennen einer Meisterschaft oder Regatta; wird für jede Bootsgattung einzeln durchgeführt.

Endzug – letzter Teil des Blattwegs beim Durchzug, in den noch einmal die maximal mögliche Kraft gelegt wird.

Europameisterschaften (EM) – internationale Meisterschaft mit Teilnahmeberechtigung für alle europäischen Nationalverbände.

Fahrbahn – parallel zur Mittellinie der Regattastrecke verlaufender Bereich, in dem eine Mannschaft ihr Rennen fahren kann; die Länge geht über die gesamte Regattastrecke, die Breite beträgt meist zwischen 12,5 und 15 Metern; die Fahrbahn wird auf international genutzten Strecken mit farbigen Bojen (Albano-System) markiert; auf modernen Strecken stehen acht Fahrbahnen zur Verfügung, von denen jeweils sechs nebeneinanderliegende für ein Rennen genutzt werden.

Fahrtenabzeichen – Auszeichnung des DRV für erbrachte Ruder-Kilometerleistungen innerhalb eines Jahres.

Fahrtenbuch – Aufzeichnung aller Fahrten eines Rudervereins; entweder handschriftlich zu führen in einem ausliegenden Buch oder per Eingabe in ein Computersystem; Eintragungen vor und nach einer Ausfahrt sind behördlich zwingend vorgeschrieben.

Fehlstart - vorzeitiges Starten eines oder mehrerer Boote eines Rennens vor dem offiziellen Startsignal.

Finale - siehe Endlauf.

FISA - Fédération Internationale des Sociétés d´Aviron; Welt-Ruderverband, Zusammenschluss aller nationalen Verbände.

Fliegender Start - Start ohne feste Startanlage oder Startkähne.

Flosse - kleine Platte aus Metall oder Kunststoff zur Stabilisierung am hinteren Teil eines Rennboots.

Flüstertüte - umgangssprachliche Bezeichnung für ein Megafon.

Fußriemen - Lederriemen am Stemmbrett zum Halten des Fußes.

Fußsteuer - seitlich bewegbarer Schuh an einem Ruderplatz, der über Drahtseile mit dem Steuer am Heck des Boots verbunden ist; Einsatz in Booten ohne Steuermann oder Steuerfrau.

Gig - breites und offenes Boot mit durchgehendem Dollbord; überwiegend eingesetzt im Freizeit- und Breitensport.

Gondelleiste - Holzleiste im Innenraum eines Boots nahe am Dollbord; dient als durchgehender Griff zum Anheben des Boots.

Gurtbock - Lager mit Gurten für ein Boot, das darin kielunten abgelegt werden kann.

Hals - schmalste Stelle des Ruders kurz vor dem Übergang zum Blatt; hier wird der Skull oder Riemen in die Dolle eingeführt.

Hebelführung - Bewegung des Skulls oder Riemens beim Ruderschlag durch die Hand am Innenhebel.

Heck - hinteres Ende des Boots.

Henley - traditionsreicher Regattaort in England, circa 50 Kilometer südwestlich von London.

Hochschulrudern – Ruderorganisation für Studierende und Mitarbeiter an Universitäten und Hochschulen; Ausschreibung von Rennen nur für den genannten Personenkreis.

Hoffnungslauf – Zwischenlauf nach den Vorläufen; zweite Chance, sich nach erfolglos verlaufenem Vorlauf noch für die nächste Runde (Viertelfinale, Halbfinale oder Finale) zu qualifizieren.

Innenausbau – Konstruktion aus Holz oder Kunststoff innerhalb des Boots zum Aufbau der Ruderplätze; besteht aus Spanten, Querlagern, Diagonallagern; Gondelleisten oder aus entsprechenden Kunststoffteilen.

Innenhebel – Teil des Skulls oder Riemens von der Dolle zum Innenraum eines Boots einschließlich dem Griff.

Innenkiel – in der Mitte eines Boots montierte Leiste innerhalb der Bordwand; dient zum Befestigen von Teilen des Innenausbaus.

Intervalltraining – planmäßiger Wechsel zwischen körperlicher Belastung und Erholungsphase ohne Einlegen einer Pause; Intervalle durch Steigerung des Krafteinsatzes oder der Schlagzahl, flexible Dauer von Erholungsphasen.

Jugendabteilung – Mitgliedergruppe eines Vereins, bestehend aus Kindern und Jugendlichen vor Vollendung des 18. Lebensjahres.

Junior, Juniorin – Altersklasse im Leistungssport; Junioren-B = 15/16 Jahre, Junioren-A = 17/18 Jahre.

Jury – Gruppe der auf einer Regatta an verschiedenen Positionen agierenden, lizensierten Wettkampfrichter.

Kentern – Umkippen des Boots auf dem Wasser.

Kiel – tiefste Längsleiste des Boots, durchgehend sowohl innen wie außen zwischen Bug und Heck.

Kielschwein – Fahrgast im Boot, der weder rudert noch steuert.

Kinderrudern – Rudersport für Kinder und Jugendliche im Alter zwischen acht und 14 Jahren.

Kiste schieben – Herausschieben des Beckens nach hinten beim Ruderschlag vor dem Aufrichten des Oberkörpers; Fehlhaltung in der Ruderbewegung.

Klemmring – Kunststoffring, der den Skull oder Riemen in Innen- und Außenhebel teilt; liegt beim Durchzug an der Dolle an.

Klinkerbau – Aufbau der Seitenwände eines Boots mit einzelnen Planken.

Körperarbeit – Bewegung der Arme, Beine und des Oberkörpers beim Ruderschlag.

Kollision – Zusammenstoß zweier oder mehrerer Boote auf dem Wasser oder eines Boots mit einem Hindernis.

Kontrollkommission – Teil der Jury zur Überprüfung von Regeln an Land, u. a. von Gewichten der Boote, der Leichtgewichtsruderer und der Steuerleute sowie der vorgeschriebenen Sicherheitseinbauten der Boote.

Krängen – Schieflage eines Boots aus der Waagerechten zu einer Seite.

Krebs – Hängenbleiben des Ruderblatts beim Herausheben am Ende nach dem Durchzug.

Landesruderverbände – Zusammenschluss der Vereine eines Bundeslandes zu einem Dachverband.

Leck – undichte Stelle in einem Bootsrumpf, durch die Wasser eindringen kann.

Leichtgewichtsrennen – Rennen, in denen nur Teilnehmer zugelassen sind, die die vorgegebenen Höchstwerte an Körpergewicht nicht überschreiten.

Leistungsgruppe – Einteilung der Teilnehmer eines Rennens entsprechend der Anzahl ihrer bisher erzielten Siege; Lgr. III = 0 Siege, Lgr. II = < 5 Siege, Lgr. I > 5 Siege.

Liegender Steuermann – vorne im Bugbereich des Boots liegend platzierter Steuermann.

Luftkasten – geschlossene Bereiche im Bug und Heck eines Boots außerhalb des Raums für die Aktiven; meist luftdicht verschlossen mit verschließbaren Öffnungen für die Beseitigung von Schwitzwasser.

Meldung – verbindliche Informationen an einen Regattaausrichter über die Teilnahme einer Mannschaft an einem ausgeschriebenen Rennen.

Meldeschluss – spätester Zeitpunkt, zu dem alle Meldungen zu einem Rennen beim Ausrichter einer Regatta eingetroffen sein müssen.

Normalstrecke – festgelegte Streckenlänge der Regattabahn für die Altersklassen; 2.000 Meter für Männer, Frauen und Junioren A, 1.500 Meter für Junioren B, 1.000 Meter für Masters und in Gig-Rennen.

Oar – englisches Wort für Ruderriemen.

Obmann – verantwortliches Mitglied einer Rudermannschaft während einer Ausfahrt im Freizeitsport oder eines Vereins bei einer Regatta.

Olympische Regatta – Folge der Ruderrennen bei den Olympischen Spielen; aktuell 14 Bootsklassen.

Oxford-Cambridge – seit 1829 jährlich ausgetragenes Rennen der beiden Universitäten auf dem gezeitenabhängigen Tideway, dem Kurs auf der Themse zwischen den Londoner Stadtteilen Putney und Mortlake.

Paddelhaken – Stange mit an einem Ende montierten stumpfen Haken und kleinem Brett, mit dem man ein Boot an Land ziehen oder abstoßen kann und der als Paddel bei geringer Breite des Gewässers genutzt werden kann.

Para-Rudern – Rudersport für Menschen mit körperlichen Behinderungen; Rudern ist Bestandteil der alle vier Jahre stattfindenden Paralympischen Spiele.

Pritsche – meist schwimmend gelagerter Anleger für Boote am Ufer.

Querlager - Teil des Innenausbaus; breiter und stabiler Holzsteg zwischen den Bordwänden, auf dem die Rollbahnen montiert sind.

Race - englisches Wort für Rennen.

Regattaausschuss - höchstes Entscheidungsgremium bei einer Regatta für Regelfragen oder bei besonderen Bedingungen, z. B. Änderung des Zeitplans wegen Witterungsbedingungen; besteht aus drei bis vier erfahrenen Mitgliedern der Regattaleitung und Jury.

Regattaarzt - Mediziner, der während einer Regatta notwendige ärztlicher Hilfe leistet und die sportliche Tauglichkeit von Aktiven bei während einer Regatta auftretenden Krankheitsfällen beurteilt.

Regattasprecher - Kommentator, meist im Zielturm positioniert, der für die Besucher, Betreuer an der Regattastrecke und die Übertragung im Internet den Verlauf der Rennen kommentiert.

Regattastab - die gesamte Gruppe der Mitarbeiter eines Ausrichters; erledigt alle für die Durchführung einer Regatta notwendigen Aufgaben.

Regattastrecke - das gesamte, für eine Ruderregatta benötigte Gelände mit Wasserfläche, Lagerplätzen, Einrichtungen für die Regattaorganisation und gastronomischen sowie sanitären Anlagen

Regattaverein, -verband - Zusammenschluss mehrerer regionaler Vereine als gemeinsamer Ausrichter von Regatten.

Rennboot - schmales Ruderboot mit glatter Außenhaut ohne Kielleiste.

Rennen - Wettkampf mehrerer Boote über eine festgelegte Strecke vom Start zum Ziel.

Renngemeinschaft - Besetzung einer Rudermannschaft mit Aktiven aus mehreren Vereinen.

Rettungsdienst - während einer Regatta meist am Ufer in Motorbooten stationierte Helfer und Sanitäter; sie greifen ein bei Kenterungen oder erkennbaren gesundheitlichen Problemen von Aktiven während eines Rennens; wird in Deutschland meist durch die DLRG oder die DRK Wasserwacht gestellt.

Riemen – Ruder, das nur auf einer Bootsseite eingesetzt wird; besteht aus Griff, Schaft und Blatt, Länge zwischen 381 und 386 Zentimeter.

Rollbahn – auf dem Innenausbau eines Boots auf einem Holz- oder Kunststoffträger montierte Metallschiene; pro Ruderplatz sind je zwei Schienen montiert, auf denen sich der Rollsitz parallel zur Längsachse des Boots bewegt.

Rollsitz – geformter und auf einem rollenden Gestell montierte Sitzplatte aus Holz oder Kunststoff; der Ruderer sitzt auf dem Rollsitz und kann mit ihm zur Verlängerung eines Ruderschlags durch das Boot rollen.

Rowing – englisches Wort für Rudern.

Ruderkasten – gemauerter oder betonierter Schacht in den Ausmaßen eines Bootsinnenraums; von einem Wasserbecken auf mindestens einer Seite oder beiden Seiten umgeben; Ruderanlagen sind im und am Rand des Schachts montiert; erlaubt die Ruderausbildung oder das Training in einem geschlossenen Raum eines Bootshauses oder im Keller einer Sporthalle.

Ruderkommando – Anweisung des Steuermanns oder eines anderen Mannschaftsmitglieds während einer Ausfahrt; ermöglicht das gemeinsame Aufnehmen oder Stoppen des Ruderrhythmus oder das gemeinsame Manövrieren des Boots.

Ruderordnung – in jedem Verein festgeschriebenes Regelwerk für die allgemeine Nutzung von Booten und Material durch die Vereinsmitglieder; enthält Anweisungen und Besonderheiten für das Befahren des vom Verein als „Hausstrecke" genutzten Gewässers.

Ruderplatz – gesamter Ausbau in und an einem Boot für jeweils einen Ruderer.

Schaft – Teil des Skulls oder Riemens zwischen Griff und Blatt.

Schiedsrichter – offizieller Wettkampfrichter, der während des Rennverlaufs zwischen Start und Ziel die Einhaltung der gültigen Regeln überwacht.

Schlag - einmalige Ausführung einer Ruderbewegung von der Auslage über den Durchzug in die Rückenlage, gefolgt vom Vorrollen zurück in die Auslage.

Schlaglänge - Weg des Ruderblatts durch das Wasser bei einem Durchzug zwischen Einsatz und Aushebeln.

Schlagmann - Ruderer, der dem Heck am nächsten sitzt und der mit seiner Schlagfrequenz das Tempo in einer Mannschaft vorgibt.

Schlagzahl - Anzahl der Ruderschläge pro Minute.

Schlagzahluhr - 1. Stoppuhr für den Trainer zur Messung und Anzeige der Schlagzahl; drei Schläge werden gezählt, dann zeigt die Uhr die Schläge pro Minute an.

2. Anzeige im Boot für den Steuer- und/oder Schlagmann; Messung der Schlagzahl über Sensoren im Boot und am Rollsitz; Einsatz im Training und im Rennen.

Schleusen - Bauwerke an Flussläufen zur Überwindung von größeren Höhenunterschieden im Flussverlauf.

Schulrudern - Organisation des Rudersports im Bereich der Schulen; in den Schulsport integrierte Ruderriegen ohne die Zugehörigkeit zu einem offiziellen Verein; Dachorganisation u. a. für die Durchführung des Landeswettbewerbs „Jugend trainiert für Olympia".

Sechser - Ruderboot mit sechs Ruderplätzen; Einsatz im Freizeit- und Breitensport.

Seegig - besonders breit gebautes Boot ohne Ausleger mit den Dollen auf dem Dollbord; wird gefahren als Riemenboot, Rudersitze jeweils seitlich von der mittigen Kiellinie versetzt.

Seitenrichter - offizieller Wettkampfrichter im Startbereich, der die teilnehmenden Boote auf eine Linie bringt (Startlinie) und im Falle eines Frühstarts eines Boots dies dem Starter anzeigt.

Senior – Alle Aktiven der Männer und Frauen ab der Vollendung des 18. Lebensjahrs, die in offenen Klassen Leistungssport betreiben.

Skiff – Bezeichnung für einen Renn-Einer.

Skull – Ruder, das jeweils paarweise auf Backbord und Steuerbord eingesetzt wird; besteht aus Griff, Schaft und Blatt, Länge zwischen 298 und 300 Zentimeter.

Slalom – schlängelnder Parcours in den Einer-Wettkampfklassen der Kinder; wird durch Bojen auf dem Wasser markiert; erfordert von den Kindern die sichere Beherrschung des Boots; Wertung erfolgt über eine Zeitnahme.

Spanten – gebogene oder geformte Leisten aus Holz oder Kunststoff, die rippenförmig über die Länge des Bootsrumpfs verteilt sind; an ihnen wird die Bootsaußenhaut oder bei älteren Booten die Planken sowie der Innenausbau für die Ruderplätze befestigt.

Sprechanlage – in einem Mannschaftsboot eingebaute Lautsprecheranlage, über die der Steuermann seine Kommandos an die Ruderer weitergibt.

Spurt – Beschleunigung des Boots im Rennen durch Erhöhung der Kraft beim Durchzug oder der Schlagzahl; kann von einer Mannschaft während oder am Ende des Rennens eingesetzt werden.

St. – abgekürzte Schreibweise für das Wort Steuermann oder Steuerfrau.

Start – Prozedur unmittelbar vor dem Beginn eines Rennens; endet mit dem akustischen und optischen Startsignal, mit dem das Rennen für die Mannschaften freigegeben wird.

Startanlage – feste Aufbauten auf dem Wasser oder an Land, an denen die Boote eines Rennens vor dem Start gehalten werden.

Starter – offizieller Wettkampfrichter, der die vorgeschriebene Startprozedur durchführt und das Startsignal gibt.

Startkahn – kleines Boot aus Holz, Kunststoff oder Metall, das im Startbereich verankert ist; an ihm legen die Boote vor dem Start an; ein im Startkahn positionierter Helfer hält das Boot bis zum Startsignal fest.

Startplatz – nummerierter Bereich an der Startanlage, mit dem die Fahrbahn markiert wird und der jeweils von einem am Rennen beteiligten Boot belegt ist.

Startschuh – Winkel aus meist durchsichtigem Kunststoff; befindet sich auf einem Startsystem, mit dem die Bugspitzen bei einem Rennen auf der Startlinie festgehalten werden.

Startturm – erhöhtes Podest oder Turm für den Starter; dort sind die technischen Anlagen für den Start installiert (Lautsprechersystem, Bedienpult für Ampelstart und Startsystem); von der erhöhten Position kann der Starter das gesamte Feld der am Rennen beteiligten Boote überblicken.

Stemmbrett – verstellbares Querlager an einem Ruderplatz, auf dem die Füße des Ruderers sich bei der Ruderbewegung abstützen; Einstellung entsprechend der Beinlänge des Ruderers.

Steuer – bewegliche Platte aus Holz, Metall oder Kunststoff, mit der die Fahrtrichtung des Boots geändert werden kann.

Steuerbord – in Fahrtrichtung gesehen die rechte Seite des Boots.

Steuermann/Steuerfrau – zusätzliche Person an Bord eines Zweiers, Vierers oder Achters u. a. zur Bedienung des Steuers und zur Führung der Mannschaft durch entsprechende Ruderkommandos.

Strecke – Wasserlinie, die von den an einem Ruderrennen beteiligten Mannschaften zurückgelegt werden muss.

Streckenlänge – Länge der zu befahrenden Strecke; siehe auch Normalstrecke; Langstrecke > 2.000 Meter; Kurzstrecke zw. 350 und 500 Metern.

Streichen – alte Bezeichnung für rückwärts gerichtete Ruderbewegung, mit der ein Boot bei einem Fahrmanöver in Richtung Heck bewegt werden kann.

Teilung – Aufteilung eines ausgeschriebenen Rennens, für das mehr Mannschaften gemeldet haben, als Startplätze zur Verfügung stehen.

Totes Rennen – gleichzeitige Überquerung der Ziellinie von zwei oder mehr Booten, ohne dass mit dem bloßen Auge oder den elektronischen Hilfsmitteln ein Abstand zwischen den Booten festgestellt werden kann.

Trainer – für die Sportart durch Lehrgänge oder Studium ausgebildete Person, die für die Ausbildung von Anfängern oder zur Betreuung von Aktiven im Leistungssport eingesetzt ist; Ausbildung in verschiedenen, aufeinander aufbauenden Lizenzstufen von C (ehemals Übungsleiter) nach A (höchste Lizenzstufe); höchste berufliche Ausbildungsstufe durch Studium mit Diplomabschluss.

Trimmen – Einstellung der verschiedenen Komponenten und Bestandteile eines Ruderplatzes; Einstellungen abhängig u. a. von der Physis eines Aktiven oder von Witterungsbedingungen durch Windrichtungen und Wellenbildung.

Überdrehen – Drehen des Ruderblatts über die Idealposition von 8° Anstellungswinkel hinaus; Fehler in der Ruderbewegung.

Umkehrpunkte – zwei Punkte an den End- und Startpositionen des Ruderschlags; Umkehrpunkt in der Auslage bei gestreckten Armen, an dem durch das Setzen des Blatts ins Wasser der Ruderschlag aufgenommen wird; Umkehrpunkt am Körper in der Rückenlage, wenn nach dem Ausheben der Blätter aus dem Wasser das Vorrollen beginnt.

Ummeldung – Austausch eines Mitglieds einer Mannschaft, das wegen Erkrankung nicht an einem gemeldeten Rennen teilnehmen kann.

Vierer – Ruderboot mit vier Ruderplätzen.

Vorlauf – erste Rennen für alle Mannschaften in einem Qualifizierungssystem bei Meisterschaften.

Wanderrudern – Fahrt im Freizeit- und Breitensport, die über mehrere Tage dauert mit jeweiligen Übernachtungen am Ende der Tagesetappen.

Wasserarbeit - Wirkung und Bewertung des Durchzugs eines Ruderblatts durch das Wasser bei einem Ruderschlag.

Wasserlinie - Linie auf dem Bootsrumpf, bis zu der ein Boot ins Wasser eintaucht.

Wasserfassen - Setzen des Ruderblatts in der Auslage und Beginn des Ruderschlags.

Watermen - rudernde Fährleute in England im 18. und 19. Jahrhundert, die erstmals Ruderrennen gegeneinander austrugen.

Wellenbrecher - winkelförmiger Aufbau am Bug eines Boots, der das Einschlagen von Wellen ins Bootsinnere verhindern soll; Wasser wird durch den Wellenbrecher nach Back- und Steuerbord abgeleitet.

Weltmeisterschaften (WM) - höchstwertige Regatta für Nationalmannschaften; findet jährlich in allen Altersklassen statt, in Olympiajahren ohne die olympischen Bootsklassen.

Wettkampfrichter - Offizieller mit einer vom DRV (national) oder der FISA (international) vergebenen Lizenz; Lizenzvergabe nach entsprechender Prüfung; bewertet und beurteilt die Einhaltung der gültigen Regeln während einer Regatta.

Zielfilm - elektronische Aufzeichnung des Zieldurchlaufs der Boote eines Rennens.

Ziellinie - Ziellinie am Ende der Fahrbahnen in einem Rennen.

Zielrichter - offizieller Wettkampfrichter, der den Durchlauf der Boote an der Ziellinie kontrolliert und das offizielle Ergebnis eines Rennens durch ein Protokoll festlegt.

Zielturm - Bauwerk, das dem Zielrichter eine erhöhte Position an der Ziellinie ermöglicht; im Zielturm ist die gesamte Technik u. a. für die Zeitnahme und die Aufzeichnung des Zielfilms untergebracht.

Zweier - Ruderboot mir zwei Ruderplätzen.

2 LITERATURVERZEICHNIS

Rentel, D. (2005). *Der Rudersport im Spiegel der Olympischen Spiele 1896-2004.* Oberhausen: Verlag Karl Maria Laufen.

Fritsch, W. (2014) *Rudern Basics* (4. Auflage). Aachen: Meyer & Meyer Verlag.

Jakait, J. (2014) - *Tosende Stille - Eine Frau rudert über den Atlantik.* Berlin und München: Scorpio Verlag

FISA (2020). *Rule Book* (Regelwerk) in englischer Version. Herausgabe und jährliche Aktualisierung durch den Welt-Ruderverband FISA

Einige Namen, geschichtliche Daten und Definitionen wurden abgeglichen mit den Angaben im Internetdienst Wikipedia in deutscher Sprache.

3 BILDERNACHWEIS

Coverfoto: Das Bild zeigt Oliver Zeidler bei den Olympischen Spielen in Paris 2024. © Foto: picture alliance/dpa | Sebastian Kahnert

Cover- und Umschlaggestaltung: Katerina Georgieva

Die Zeichnungen in den Abbildungen 1, 4, 5 und 10 stammen von Oskar Loewe, Oberarth (CH).

Layout und Satz: Katerina Georgieva

Bearbeitung 2. korrigierte Auflage: Isabella Frangenberg

Lektorat: Dr. Irmgard Jaeger

Durchsicht 2. korrigierte Auflage: Katrin Schubert